农业产业化发展与农地流转制度创新的研究

程志强　著

商務印書館
创于1897　The Commercial Press
2012年·北京

图书在版编目(CIP)数据

农业产业化发展与农地流转制度创新的研究/程志强著.—北京:商务印书馆,2012
ISBN 978-7-100-08458-1

I.①农… II.①程… III.①农业发经济—产业化发展—研究—中国②农业用地—土地制度—研究—中国 IV.①F321

中国版本图书馆CIP数据核字(2011)第130412号

农业产业化发展与农地流转制度创新的研究
程志强 著

商 务 印 书 馆 出 版
(北京王府井大街36号 邮政编码100710)
商 务 印 书 馆 发 行
三河市尚艺印装有限公司印刷
ISBN 978-7-100-08458-1

2012年12月第1版　开本 880×1230 1/32
2012年12月北京第1次印刷　印张 7 3/4
定价:20.00元

序

中国的经济体制改革是从推行农村家庭联产承包责任制开始的。实行农村家庭联产承包责任制，只是否定了城乡二元体制的一种极端的组织形式——人民公社制度，并没有从根本上改变城乡二元体制继续存在的事实。城乡二元体制的基础之一是土地制度，包括农村土地承包制度和农村宅基地制度。随着新时期农村形势的发展，现行的农村家庭承包制已经不适应农村经济社会和城乡一体化发展。主要问题是土地等生产要素高度分散在家家户户，制约了土地规模化经营和土地使用效率的提高，影响了农民对土地投入的积极性，进而影响了农业生产的提高和农民收入的增加。不仅如此，当前大量农村青壮年劳动力外出务工，耕种家庭承包耕地的劳动力不足，导致土地利用效率降低。这在耕地流转受限制的广大农村形成了不合理的土地与劳动力配置状况。因此，农业适度规模经营是发展现代农业、提高农业生产力的内在要求。没有规模经营，就不能有效利用土地资源，农业生产效率也就很难进一步提高。所以，在新的历史时期，如何根据情况变化，探索土地承包权的多种有效流转方式，科学合理配置土地资源，是一个亟待研究和解决的重大问题。

程志强博士长期从事资源型地区发展的研究，在北京大学光华管理学院博士后流动站期间，对新时期农村土地制度改革这一重大问题进行了研究。作者花费了大量时间,搜集、阅读了大量的文献,并深入各地做实地调研,最终完成本书,令人钦佩。在其请求下,我欣然为之作序。

本书的研究视角并没有局限于农地流转,而是从农业产业化和农地流转之间的关系入手,构建了一个基于交易成本理论的分析框架来探讨农业产业化组织形式选择和农地流转制度的创新安排。农业产业化组织形式的选择不仅受资产专用性程度、交易频率、不确定性等微观契约特征的影响,也受制于农地流转制度的安排,尤其是我国细碎化程度较高的农地承包经营权分布限制了农业产业化活动的深化和发展。作者明确指出,土地承包经营权的流转成为农业产业化发展的基本前提条件。进而,本书结合我国农地产权结构特征,讨论了个体农户主导型、村集体主导型和中介组织介入型这三大类型所适用的区域以及相对应的农业产业化垂直协调的安排。

本书一个非常重要的特点在于翔实的案例分析。作者所选案例的区域跨度大,涉及我国的东部、中部、西北和西南地区。所论述内容也相当广泛,同时论及转包、出租、返租、置换、股份制合作社、土地信用合作社等多种农地流转形式和要素契约组织,如“龙头企业+合作组织+中小农户”、“龙头企业+中小农户”、“合作组织+中小农户”等农业产业化组织形式。这些案例表明,农业产业化和农地流转适用于我国各类型区域,能够实现农民福利的增进和收入的提高,但是需要因地制宜,根据组织特征和区域特征选择合适的垂直协调契约安排和农地流转形式的创新。

本书在理论研究和案例分析的基础上,从中央政府、地方政府以及农地流转的细节问题三个层面出发,提出较为系统的对策思路，对完善农地流转制度、推进农业产业化的健康发展具有指导意义，具有实际应用价值。

总之，这是一本视角独特、观点鲜明、论证严密、内容翔实、资料丰富的学术专著，有助于加深我们对农业产业化发展和农地流转之间关系的认识以及对农业产业化组织形式的决定因素和农地流转制度创新方向的了解。当然，农地流转问题非常复杂，如必须考虑农民社会保障问题，必须考虑农村人口的变动和城市化的推进，还必须考虑中国农村组织制度的变革等。希望作者在这一领域继续努力，为城乡一体化的发展作出新的贡献。

于鸿君

2011 年 7 月 7 日于北京大学

目　　录

1. 导　　论

1.1　本书研究的背景和意义

党的"十七大"报告明确提出，坚持农村基本经营制度，稳定和完善土地承包关系，按照依法自愿有偿原则，健全土地承包经营权流转市场，有条件的地方可以发展多种形式的适度规模经营。探索集体经济有效实现形式，发展农民专业合作组织，支持农业产业化经营和龙头企业发展。而在极富历史意义的十七届三中全会上审议通过的《中共中央关于推进农村改革发展若干重大问题的决定》(下文简称《决定》)，认为"农业、农村、农民问题关系党和国家事业发展全局"，我国面临严峻的挑战，比如"农村经济体制尚不完善，农业生产经营组织化程度低，农产品市场体系、农业社会化服务体系、国家农业支持保护体系不健全，构建城乡经济社会发展一体化体制机制要求紧迫；农业发展方式依然粗放，农业基础设施和技术装备落后，耕地大量减少，人口资源环境约束增强，气候变化影响加剧，自然灾害频发，国际粮食供求矛盾突出，保障国家粮食安全和主要农产品供求平衡压力增大；农村社会事业和公共服务水平较低，区域发展和城乡居民收入差距扩大，改变农村落后面貌任务艰巨；农村社会利益格局深刻变化，一些地方农村基层组织软弱涣散，加强农村民主法制建设、基层组织建设、社会管理任务繁重”。因此，“我国总体上已进入以工促农、以城带乡的发展阶段，进入加快改造传统农业、走中国特色农业现代化道路的关键时刻，进入着力破除城乡二元结构、形成城乡经济社会发展一体化新格局的重要时期”，需要“大力推进改革创新，加强农村制度建设”，“积极发展现代农业，提高农业综合生产能力”，“加快发展农村公共事业，促进农村社会全面进步”，“加强和改善党的领导，为推进农村改革发展提供坚强政治保证”。

根据马克思的生产力决定生产关系原理，“积极发展现代农业，提高农业综合生产能力”居于核心地位，农业生产力的发展是“农村社会全面进步”的物质基础，因此，我们需要深入讨论进一步提高农业生产力和农业现代化的实现路径。同时，生产关系及其上层建筑又影响生产力的发展，所以在探索实现路径的过程中，我们必须探讨如何在“加强和改善党的领导”下，通过制度创新、“加强农村制度建设”促进农业生产力的发展。本书根据生产力和生产关系的相互关系，试图从农业产业化和农地流转制度创新的相互关系这一具体问题出发，讨论如何通过农地流转制度和农业产业化组织形式的创新和选择，促进农业生产力的发展，推进农业产业结构战略性调整，加快农业科技创新和现代化进程，提升农业竞争力，提高农户的收入水平，构建和谐的一、二、三次产业关系和城乡关系，推动和谐社会的建设。因此，在这一新的形势下，研究农业产业化和农地流转制度的创新，具有积极的现实指导意义和理论意义。

农业产业化的发展是世界也是中国农业现代化的必由之路。根据尹成杰(2002)的总结，农业产业化经营将提高我国农业生产力，增强农业竞争力，加快农业现代化进程。首先，农业产业化作为一种垂直协调体系，有利于带动农户参与市场竞争，解决中小农户与大市场对接方面存在的问题，比如经营规模偏小、垂直链条偏短、市场化程度偏低和产品竞争力偏低等，是一种符合当前农村生产力水平和基本经济制度要求的组织形式。其次，在合作组织或者龙头企业的引导下，农业产业化发展有助于促进农产品基地专业化、规模化生产，有助于完善农业基础设施建设和农业社会化服务体系，形成具有竞争优势的农业区域化布局，促进农业产业的对外开放水平，推动农业结构战略性调整。第三，农业产业化是对农业产前、产中、产后环节的协调，在市场竞争的压力下，产前、产后环节的产业链延伸，需要必要的技术和管理，龙头企业或者合作组织的介入以及规模化的生产亦有能力成为现代技术和装备应用的载体，从而加快了农业科技创新和农业现代化进程。最后，农业产业化所协调的产前、产后环节往往对应于工业和服务业，上述产业的发展，为城镇化发展提供了必要的产业基础，也为农村劳动力的非农就业提供了重要的渠道，密切了城乡关系、三次产业之间的关系，有助于促进农村城镇化、农民市民化的进程，有助于构建产业和谐和城乡和谐关系。

在农业产业化迅速发展并发挥积极作用的同时，在农业产业化发展过程中也出现了诸多问题，比如利益联结机制不紧密，主要以合同方式为主，更加精密的合作方式如股份合作等比重偏低；订单农业比例少，违约率高；龙头企业规模小、科研能力弱、产品档次低、竞争力不大，带动力不强（农业部农业产业化发展报告编委会，2007）；配套产业、配套设施和服务体系的建设和发展被忽视（郑凤田、程郁，2005）；产业化的发展处于金融抑制的环境，融资问题突出(王姮,2004);农民进入市场的组织化程度较低,农业合作组织、涉农行业协会发展滞后(郑文凯,2004);等等。农业产业化的本质是基于农业投入、生产、加工、销售的垂直协调体系,这必然涉及垂直协调的契约安排问题,而且上述问题的形成也与这种契约形式的选择有关,比如,利益联结机制、订单农业问题、配套服务体系问题本身就是契约安排问题;而龙头企业的发展和农业产业化发展的融资问题亦与要素契约和商品契约的选择密切相关。目前中国的农业产业化到底是走以商品契约为主还是走以要素契约为主之路仍然存在争议。因此,根据行业特征和社会、政治、法律与文化结构研究农业产业化垂直协调的契约形式选择很有必要,也是本书致力于解决的问题之一。

农业产业化项目的产中环节一般是农地密集型的,因此,与农地相关的制度安排必然深刻影响垂直协调的契约安排。尤其是在我国"共有私用"的农地产权结构下,同一农地的权利束涉及多个主体,使得这一问题变得更为复杂。显然,在人多耕地少的国情下,农地细碎化程度高,出于均等化的诉求,农地流转是促进农业产业化发展的前提条件,而且在各地已出现不同形式的农地流转制度创新。农地流转方式大致可以分为个体农户主导型、村集体主导型和中介组织介入型三种形式。不同的农地流转形式对应于不同的契约安排,具有不同的优势,也存在不同的问题。从目前农地流转的实践来看,存在农民权益受到侵害、流转不畅、形式不规范、流转农地效率较低、流转规模小、期限短且不稳定等诸多问题。而这些问题的出现也往往与农业产业化发展密切相关。农地流转制度的创新主题是效率和平等,成功的农业产业化可以成为上述农地流转基本目标的实现途径。通过降低市场协调的交易成本，提高农业产品附加值，农业产业化创造了农地高效率流转的有效需求；同时，通过对中小农户的扶持带动作用和完善利益分配机制，农业产业化促进农村地区的收入平等。显然，正确认识农业产业化和农地流转之间的重要关系，对部分农业产业化契约安排和农地流转制度创新做深入的案例分析，无论是对农业产业化的健康发展，还是对农地有序流转的实践，都具有重大的指导意义。

因此，基于农业产业化的重大作用和农业产业化发展与农地流转之间的密切关系，如何构建一个基于上述关系的理论分析框架、对部分地区的典型案例做深入分析并提出相应的对策建议，具有深远的现实指导意义。同时，农业产业化和农地流转问题一直是学术界探讨的两个热点问题，尽管相关的文献浩如烟海，难以尽述，但是关于农业产业化和农地流转关系问题的研究并不多见，更不成系统。本书尝试借用交易成本经济学、土地经济学、发展经济学等学科的理论分析工具构建农业产业化契约安排和农地流转之间关系的理论分析框架，对于上述领域的研究而言，具有一定的理论意义。

1.2　基本内容、研究方法、创新

1.2.1　基本内容

本书主要是在促进农业产业化发展的目标下讨论土地流转制度创新的问题，具体包括农业产业化与土地流转的相互关系、农业产业化框架下土地流转存在的问题以及应对措施。本书分为理论研究、案例研究和政策研究三个部分。具体框架见图 1—1。

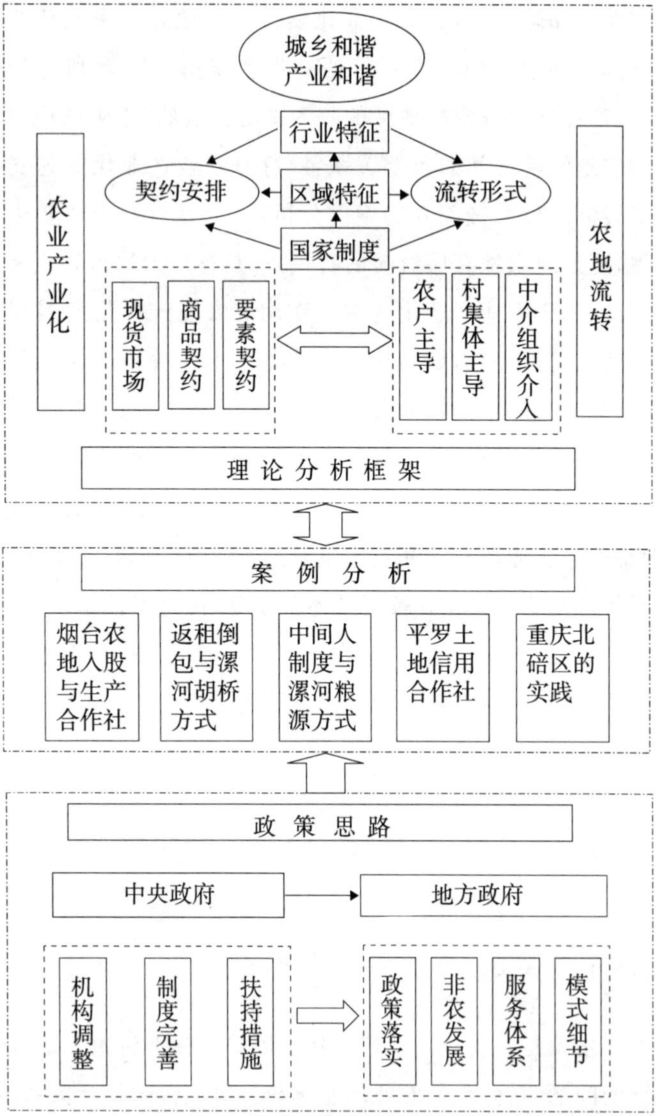

图 1—1 本书框架

根据图 1—1，在理论部分，我们通过对已有文献的回顾，结合已有研究的不足，提出一个关于农业产业化垂直协调契约安排和农地流转之间关系的理论分析框架。首先论证农业产业化的本质是基于农业投入、生产、加工、销售的垂直协调体系，在需求多样化和风险因素不断增加的背景下，分析农业产业化在促进农业生产力发展，中小农户收入提高，一、二、三次产业和谐与城乡和谐方面的积极作用，论证农业产业化是中国农业发展的主导路径。在这一垂直体系中，知识和信息的关键作用和规模经济的交互作用使得龙头企业在这一垂直协调体系中居于主导地位，即需要从龙头企业的角度出发讨论垂直协调体系中契约关系的安排。结合 Williamson 等人发展的交易成本经济学、Eisenhart 等关于农业垂直协调体系中委托代理关系的分析以及其他制度经济学派的已有研究和新的进展，考虑行业的特性、地区的经济发展水平等非制度因素和地区法律、文化等制度因素对资产专用性程度、交易双方资产互补性、交易频率、不确定性、任务属性、农业生产规模经济等六大契约特征的影响，分析了现货市场、“企业＋中小农户”、“企业＋大户”、“企业＋合作组织＋中小农户”以及要素契约等契约安排的适用条件，表明对于农业产业化垂直协调的契约安排而言，我们应该从行业、社会、经济、政治、文化等多方面来考虑。农业产业化项目，尤其是在农业生产环节，是土地使用密集型的项目，因此，农地制度的安排，包括农地的产权、使用权、收益权的设定以及农地的初始分配和流转状况，都可能会影响农户、龙头企业等参与农业产业化垂直协调的各方主体的交易成本，从而影响垂直协调的契约安排。我们从中国农地产权结构的实际出发，论证农业产业化与农地流转之间的关系。农地偏高的细碎化程度表明，农地流转是农业产业化的前提，农地流转方式主要有村集体主导型、个体农户主导型和中介组织介入型三种方式，我们深入分析这三种类型在农户权益维护、流转形式的规范性、信息的对称性、农地流转的效率和规模等方面的优势和劣势，并指出各类形式所适宜的区域特征及其所对应的农业产业化垂直协调契约安排。从这一角度出发，我们认为农地流转及其形式影响了农业产业化的发展、行业的选择和具体的契约安排；同时，我们也讨论了农业产业化的成功开展和发展对农地健康、有序、顺畅流转的积极促进作用。农业产业化凭借其在效率上的优势以及通过契约形式对贫困中小农户带动作用的发挥等，成为实现农地流转基本目标的重要途径，并形成了对农地流转的有效需求。另一方面，成功的农业产业化可以在产前、产后环节创造非农就业，并使得农地保障功能货币化且随物价动态调整、优势产业的形成和聚集，又促进了有产业支撑的城市化进程，上述因素的改善都将成为促进农地流转顺畅进行的润滑剂。

我国幅员辽阔，各地区的经济发展水平、气候自然条件差别较大，除了一些原则性的建议之外，我们很难提出一些一般性的、适用于各地的观点和建议。因此，在第二部分案例篇，根据本书的理论分析框架讨论典型地区农业产业化和土地流转制度创新的问题。在案例的选择上，我们考虑到地带差异，选取了中部地区的河南漯河、西北的宁夏平罗、东部地区的山东烟台和西南的重庆北碚等地，涉及的制度创新包括个体农户主导型农地流转、地方政府主导型农地流转、反租倒包、股份合作制和土地信用合作社以及相应的农业产业化组织形式的创新。针对已有研究往往倾向于给出价值判断的规范分析的情况，本书将根据我们的理论框架，更注重各种创新制度在地区和行业等中观层次上的适用性，分析其在不同的交易特征、环境下最大化绩效、最小化交易费用方面的激励作用，并分析农户、村集体、合作社、企业和地方政府等主体在此过程中的福利水平的变化，尤其注重农户利益的保护，在此基础上提出存在的问题和进一步改进的方向。

第三部分对上述理论分析加以总结，对相关案例进行比较研究。根据中央政府和地方政府各自的比较优势，从中央政府的角度出发，根据农业产业化发展和农地流转的需要，调整机构设置，完善农地产权制度、流转制度和原则以及社会保障机制，并从财政支出政策、税收政策、金融政策以及农业保险政策出发提出农业产业化发展和农地流转稳定的扶持措施；从地方政府角度出发，提出地方政府如何细化、落实中央政府的方针、政策，并从通过投资环境的优化出发促进本地区非农产业的发展，通过与提高劳动力素质、根据市场需求提高劳动者专业技能、促进非农就业的扩张和稳定，指出如何健全新型农村服务体系，最后根据不同的农地流转模式提出一些细节性的措施。

1.2.2 研究方法

根据本书的基本框架和内容，在研究方法上我们注重理论研究和经验研究相结合：综合运用新制度经济学、农业经济学、土地经济学、发展经济学等经济理论，结合相关的法学、社会学理论来研究相关内容，并试图提升本书的理论水平；在经验研究中，强调典型调查、案例研究，为本书的理论研究和政策建议提供事实依据。同时，注重宏观分析和微观分析相结合：既重视国家法律、法规、政策等方面的宏观因素分析，也注重地区特征和行业特征的分析，力求分析独到透彻。

1.2.3 创新

本书的创新之处主要有以下四点：

首先是研究角度的创新。尽管关于农业产业化和关于土地流转问题的研究很多，但是，关于两者关系的研究还不多，更不成系统，而两者之间存在密不可分的关系，如何完善土地流转机制以促进农业产业化健康发展的研究不够深入，很少有具可操作性的政策建议，这是本书致力于解决的问题，也是研究角度的一个创新。

其次，目前这一领域的研究，缺少规范的理论分析框架，使得相关研究往往泛泛而谈，本书试图在理论分析方面做出突破，结合契约经济学、农业经济学、土地经济学等理论工具，构建了一个涉及农业产业化契约安排和农地流转相互关系的理论分析框架，并纳入行业特征、区域经济和文化结构以及国家制度安排等因素，对两者之间的关系做深入的分析，为案例研究和政策研究提供必要的理论基础。

再次，在案例研究方面，我们根据区域差异，选择了分布于东部、中部、西北、西南四个地区的5个典型案例，通过实地调研获取大量的一手材料，对土地信用合作社，基于农业用地流转并以专业合作社为载体的农地股份合作制，政府统一规划、出资并运行的农业用地与农村建设用地流转等形式的农地流转制度创新做了详细的案例介绍，丰富了这一领域的案例素材，并根据本书的理论分析框架，对各案例做较深入的理论分析，对各类模式的合理性、存在的问题、改进方向以及适用性提出了较为深刻和新颖的看法。

最后，在政策建议方面，考虑到我国各区域在资源禀赋、经济发展、社会文化上的巨大差异以及中央和地方政府之间的关系，我们根据中央和地方政府的比较优势，尝试从中央和地方政府两个层次出发讨论。对于中央政府而言，其政策着力点在于机构调整、全国性制度、原则的构建和扶持措施的提出；对于地方政府而言，则在于将中央政策的细化和实施以及根据本地区的实际促进辖区内非农产业发展、农业服务体系健全，并提出针对各农地流转模式中的具体问题的细节性措施，从而使得整个政策建议体系完整，便于指导和实践。

2. 农业产业化与农地流转：一个文献综述

农业产业化和农地流转问题一直是学术界探讨的两个热点问题，相关的文献浩如烟海，难以尽述。本书主要是在促进农业产业化发展的框架下讨论农地流转制度创新的问题，因此我们将选择性地对这两类文献加以评述，具体包括农业产业化与农地流转的相互关系、农业产业化框架下的农地流转两个方面。

2.1 农业产业化与农地流转

2.1.1 农地流转是农业产业化产生和发展的必然前提

关于农业产业化的内涵特征，尽管学术界的看法仍未完全一致，但是均强调以市场为导向、以经济效益为中心，要求农、工、贸、科一体化、规模化经营，农户、企业、合作组织等各经济主体自愿结成共赢的利益共同体，将农业生产的产前、产中、产后诸个环节整合成一个产业系统(牛若峰，1998；赵爱英，2003；等等)。就农业产业化的经营模式而言，理论界的看法也大同小异。聂亚珍(2004)将我国农业产业化的经营模式归结为四类：龙头企业带动型、主导产业带动型、市场带动型和中介组织带动型。在农业部农业产业化发展报告编委会(2007)的分类中没有主导产业带动型,且将其他三类作了细分,其中龙头企业带动型细分为"公司+农户"、"公司+基地+农户"、"公司+合作社+农户"、"公司+行业协会+农户"、"公司+经纪人+农户"等,市场带动型细分为"合作社+农户"和"专业协会+农户"两种类型,并讨论了不同模式的具体运转方式和优劣。不难看出,农业产业化实际上是关于产业链联结的契约集合,而其具体的经营模式实际上是这些契约的表现形式。

周立群和曹利群(2002)认为这些契约可以分为要素契约和商品契约两种类型。要素契约主要表现为土地租赁企业先租用农户现有的土地使用权,再把依附于土地上的农民变为土地上的工人;商品契约主要表现为订单农业,企业与农户签订合同,依照合同收购相应的产品,有时还包括产前、产中的配套服务及规范标准。对于要素契约而言,必然涉及农地流转的问题。而对于商品契约而言,Lajili et al.(1997)发现在生产过程中专门性投入越高的农户,参与订单农业的可能性越大;郭红东(2005)利用我国15个省的微观数据分析得到相似的结论,即农户生产的专业化和商品化程度对其参与订单农业的行为有显著的正面影响。自1978年开始实行土地制度改革以来,农地在集体内部均分,出于平等的需求,往往根据地块的肥沃程度、距离远近进行分块,好坏搭配均分给农户,在我国地少(耕地少)人多(农民多)的国情下,这种初始分配方式直接导致农户承包地的高度零碎化。[①] 这种零碎化直接影

① 1984年的调查显示,平均每户经营9.7块土地,块均面积仅为0.06公顷(黄贤金等,2001);1999年全国户均耕地面积仅为0.53公顷,分为6.1块,块均面积为0.087公顷(谭淑豪等,2003);根据田传浩等2000年的调查结果,苏浙鲁三省户均耕地块数为4.8块,块均耕地面积为0.99亩,其中山东为6.07块(田传浩等,2005)。中国的农地零碎化程度、户均经营面积也比其他国家更为严重(谭淑豪等,2003a)。

响了农户的生产效率（谭淑豪等，2003b；赵阳，2007），降低了市场竞争力，限制了农户生产的专业化和商品化，不利于农户参与商品契约。此外，在目前中国城乡二元经济体制下，农产品价格波动频繁，农户为避免市场风险，利用零碎化的土地，追求较为保险的兼业经营，既妨碍了农户生产的专业化，又进一步固化甚至提高了耕地零碎化的程度（温铁军，2001），也无法形成区域化优势和品牌优势，从而进入一个恶性循环。因此，无论是要素契约还是商品契约，农业产业化的运转必然依赖于农业用地的流转，农业用地的流转机制创新问题是农业产业化产生和健康发展的基本前提和核心问题。

沈雅琴（2004）认为目前的农业产业化研究在一定程度上忽视了土地制度问题尤其是土地产权制度对农户行为的影响。土地产权制度直接影响农业产业化的主体——农户的行为，包括农户对产业结构的调整，进而影响到农业产业化。既定的产权结构和产权约束不利于农地流转，引致严重的兼业化，造成土地无法形成规模经营、农业产业化的专业化水平不高、产业化程度不深、效率不高等后果。因此，她建议在解决农户的社会保障问题、提高非农就业机会和农户人力资本水平的前提下实行农地所有权归农户，从而提高农业产业化绩效。她分析强调土地产权制度对农业产业化发展的单向关系，在一定程度上忽略了两者的双向关系，即很少涉及农业产业化发展对土地制度创新作用的分析，而这恰恰与其政策建议中的假设前提密切相关，这些前提需要农业产业化健康发展的支撑。此外，该文在理论分析上只强调土地承租合约的期限问题，主要关注农户与集体组织和国家在土地所有上的关系，而没有在农业产业化框架下对农地流转制度作深入的理论分析。尽管前者对后者有决定性的影响，但目前对前者的问题基本上已经形成定论，赵阳(2007)将目前农地产权制度特征归纳为“共有私用”，根据《土地管理法》规定，我国的农地实行集体所有权制度；2001 年中共中央 18 号文件《中共中央关于做好农户承包地使用权流转工作的通知》、2002 年 8 月通过的《中华人民共和国农村土地承包法》、党的十七大报告以及十七届三中全会提出的《中共中央关于推进农村改革发展若干重大问题的决定》均强调“以家庭承包经营为基础、统分结合的双层经营体制，是我国农村的基本经营制度”，农户天然享有承包本集体所有农地的权利。18 号文件明文规定，在承包期内，农户对承包的土地有自主的使用权、收益权和流转权，有权依法自主决定承包地是否流转和流转的形式；农户的土地收益包括承包土地直接经营的收益，也包括流转农地的收益，农地流转的收益归承包农户所有。目前的承包期限规定为 30 年，而且中央领导多次提到 30 年以后也没有必要变、甚至是永远不变(陈锡文，2007)。这一农地产权制度的选择既有历史、意识形态的原因，但更多的是从中国的国情出发，是尊重历史和民意的必然选择(陈锡文，2007)。[①] 所以，如何在坚持家庭承包责任制的基础上解决农地流转存在的问题才是关键，故本书也将在这一农地产权制度的基础上讨论农地流转问题。

---

① 这一制度的确也存在权利界定不清晰的问题，如土地调整现象在一定程度上造成农户地权不稳定，进而影响农户的决策，使农户缺乏长期投资的激励，从而造成效率损失；而地权的私有化有助于农地流转进而改善资源配置效率，且可以通过在金融市场上的抵押获得资金。这些理论上可能成立的土地产权私有化的得益在经验研究上仍没有得到证实(Deininger and Feder，2001)。在关于中国的经验研究中，Li et al.(1998)和姚洋(2004)发现地权的稳定性对土地投资有激励作用。但是，姚洋(2004)同时纳入土地转让权因素的分析后，土地调整度对投资的影响变得不显著了，

2.1.2 商品契约、要素契约和农地流转

邵春杰(2005)认为中国农业产业化绩效不高的原因在于家庭承包制既有的产权结构和产权制度约束了农业产业化的发展,均分化的地权不适应农业产业化经营的规模化要求,强调农业流通领域的市场化和农业生产过程的企业化,尤其是后者,实际上是要求用要素契约来组织农业生产,使土地集中于农业资本手中。这一建议的重要依据在于,以订单农业为表现形式的商品契约因为“先天不完全”的特征,在缺乏有效的制度约束的前提下,因逆向选择和道德风险造成契约执行的失败,难以满足农业产业化规模化的要求。刘凤芹(2003)也认为订单农业的合约,尤其是短期合约,具有“注定不完全性”,如信息不对称会引发隐藏知识和隐藏行动的行为,而界定或完善合约条款的成本过高,而由资产专用性引发的敲竹杠等问题造成履约困难。此外,因为农户与订单发

而土地转让权作用显著,尤其是随着非农就业以及进城打工机会的不断提高,土地在农户间的转移越来越重要(Carter and Yao,1999),Kung 和 Cai(2000)指出农户的投肥行为并不受地权稳定性的影响,而且这种出于公平目的的土地调整受到村民支持(Kung,1995)。赵阳(2007)认为打破小组界限的土地调整而不是土地调整频率影响农户的投资行为。事实上,在近年来中央出台的一系列法律、法规、政策均强调承包权的稳定性,在一定程度上避免了上述弊端,而且相关的分析表明激励作用并不是很大。与此同时,土地私有制也面临着诸多成本,包括产权的界定、实施、监管、争端解决等交易成本以及由土地公有制所提供的公共安全网络丧失的巨大风险(Deininger and Feder,2001)。尤其是后者,在中国目前农村社会保障体制非常不健全的前提下,农地的共有性质在社会公平、稳定和农户的社会保障方面有着难以替代的作用(姚洋,2004;陈锡文,2007),且有助于劳动力的非农供给的增加(姚洋,2004)以及生产率的提高(Benjamin and Brandt,2000)。此外,也有学者提出所谓的国有永佃制,在操作层面上面临着诸多问题。比如如果直接赎买,财政资金从何而来,低价或无偿征收可能损害农民利益,导致该制度少有人问津。因此,在平等和效率、发展和稳定的权衡下,坚持农地的集体所有制,同时强化承包权的稳定性和长期性是在相关约束机制下的最优选择。

起单位（主要是企业）地位不平等，从而陷入更大的生产风险（Little et al.，1994），且目前的不完全合约理论难以找到规制这类合约的有效方法（施瓦茨，1999）。

不过，尹云松等（2003）在案例研究和理论分析的基础上发现，在公司选择守信的前提下，产品专用性是决定商品契约稳定性的首要因素。他们认为，在产品专用性弱和中等的情况下，应通过组建中介组织、发展大农户等来改变目前小农户占优势的农户结构，从而有效地改善商品契约的稳定性。显然他们的分析忽视了企业的机会主义行为问题。周立群和曹利群（2002）则认为商品契约在资产专用性和声誉机制的约束下在长期内达到稳定，足以保证龙头企业长期支配农户的土地和劳动力要素，从而达到与要素契约相同的效果。但是，他们在商品契约的分析中只关注对企业机会主义的约束机制，而商品契约的另一方农户同样存在的机会主义动机和行为，该文并没有进行分析。如果考虑到对农户机会主义行为的规避，商品契约的作用效果还需作更进一步的研究。

邵春杰（2005）基于商品契约的缺陷而否定农业产业化过程中的契约安排，强调要素契约的重要性。的确，与商品契约相比，要素契约具有直接性、长期性、稳定性的优点（周立群和曹利群，2002）。对于不耐储藏或者需要及时加工处理的农产品，如牛奶、家畜、家禽以及甘蔗、甜菜、橡胶等经济作物（Rehber，2000），或者市场交易环境不确定性很大，如市场距生产地较远、市场价格波动大的农产品而言（Sartwelle et al.，2000），要素契约的稳定性、长期性对于降低不确定性和协调组织生产的成本具有重要的意义。此外，在要素合约下，农业产业化龙头企业可以大规模租赁耕地，坚持要素合约的学者往往强调土地规模经营中的规模经济，如张忠根和黄祖辉(1997)、韩俊(1998)主张大面积连片经营的机械化农场模式,可以获得劳动力、水利设施、农业机械满负荷工作效率以及采购销售上的谈判好处。农地经营中是否存在规模收益递增现象,这一问题是要素契约是否具有优势的关键假设,也备受农业经济学研究的关注。

农地经营规模和经济效率的关系,是正相关、负相关、不相关,还是存在一个最优规模,在理论研究和经验研究上一直存在着争议。通常,由于资本的不可分性,如农业机械的使用往往要求土地达到一定的规模,同时,土地规模的扩大产生雇工的需求,进而产生了因为信息不对称导致的监管成本和效率损失,因此,农场规模取决于两种资本成本和劳动力成本的对比(Binswanger et al.,1993)。Chavas(2001)对这一问题做了进一步的发展。他从技术角度出发,认为不同的技术往往导致不同的最优农地经营规模,当农地小于该技术所要求的规模时,呈规模报酬递增,但是一旦超过最优规模后,通过技术变迁以适应更大的农地规模,就是在技术变迁和农地规模变动的相互适应的过程中,在不同的技术间形成一个最低平均成本包络线,因此土地规模和经济效率在长期中基本上表现为不相关。他还讨论了其他影响农地经营的规模经济的因素:(1)劳动力机会成本的核算问题,比如如何将农业劳动的效用估算到机会成本中;(2)大农场可能在投入品的获得方面以及产品的销售方面有着更低的交易成本、更多的信息优势和更强的谈判权力,从而具有所谓的金融外部性,进而推动农地经营规模的扩张;(3)税收政策(Lowenberg and Boehlje,1986)、风险管理(Chavas,1993)、产品质量、市场细分、环境保护等问题也对农地经营的规模经济有正面或者负面的影响。因此,对于这一问题的解决在理论上众说纷纭，需要稳健的经验研究证据。关于发达国家的经验研究认为平均成本和土地规模呈 L 型，即类似于 Chavas(2001)的论述。但是，对发展中国家的部分经验研究却发现土地规模和生产率之间呈负相关关系(Eswaran and Kotwal, 1986; Binswanger et al., 1993)。因此，经验证据难以支持农地经营的规模收益递增。在对中国的经验研究中，万广华和程恩江(1996)、Chen 和 Brown(2001)等的研究也没有找到农业生产存在规模经济的证据。东北地区相对于中国的其他地区而言，人地关系紧张程度较低，刘凤芹(2006)对东北地区的经验研究也表明，大规模土地经营与小规模家庭农户相比，并没有显示出全要素节约优势和单位产量优势。她进一步指出，土地的小规模经营没有影响农业机械化的发展，租赁方式解决了资本的不可分性问题，农业机械对劳动力的替代取决于两者的相对价格，与经营的土地规模大小无关；土地的规模经营受制于农村劳动力转移和农地流转的速度和程度。目前的经验研究主要针对粮食作物的研究，对于经济作物而言，规模经济的好处是否存在，还有待进一步的分析。如果土地规模经济的不存在，要素契约论就丧失了一定的理论支持。

我们在此不惜笔墨地讨论要素契约和商品契约的问题，主要是因为不同的契约类型决定着农地流转的方式和规模。商品契约下，农地的流转建立在家庭农户经营的基础上，要素契约条件下，农地的流转则建立在企业化的大农场经营的基础之上。根据 2001 年 18 号文件，中央强调投资开发农业的工商企业主要从事产前、产后服务和“四荒”资源开发，采取公司加农户和订单农业的方式，带动农户发展产业化经营，即强调以商品契约为主。“中央不提倡工商企业长时间、大面积租赁和经营农户承包地，地方也不要动员和组织城镇居民到农村租赁农户承包地”，即是对要素契约的排斥。该文件认为，企业对农户的替代，“隐患很多，甚至可能造成土地兼并，使农民成为新的雇农或沦为无业游民，危及整个社会稳定”。从我们对关于要素契约和商品契约的文献评述来看，当前的研究并没有达成一致。我们认为作为连接农业产前、产中、产后的契约，两种契约是可替代的，替代的边界在于两种契约安排下的生产效率、交易成本以及社会安全等的比较。不同的地区、不同的农业产品在这两种契约下表现的生产效率、交易成本以及社会安全问题可能也不尽相同，因此，完全支持要素契约或者完全支持商品契约以及在这一基础上选择农地流转制度可能存在一刀切的问题，需要做进一步的深入、细化的研究。

2.1.3 我国农业产业化的其他问题

我国农业产业化发展过程中出现的问题是目前农业产业化研究的热点，对于如何推动我国农业产业化健康发展意义重大。农业部农业产业化发展报告编委会(2007)将农业产业化发展中的问题归纳为三个方面：一是利益联结机制不紧密，目前主要以合同方式为主，更加精密的合作方式如股份合作等比重偏低；二是订单农业比例少，违约率高；三是龙头企业规模小、科研能力弱、产品档次低、竞争力不大，带动力不强。郑凤田和程郁(2005)则认为我国农业产业化过程中，过分强调龙头企业的作用，忽视了配套产业、配套设施和服务体系的建设和发展；过分强调纵向连接而忽视了同一生产环节上的横向联系和产业聚集的外部经济；在主导产品的选择上缺乏科学依据、统筹规划和协调发展；农户规模小而分散，交易成本高；农村经济合作组织对农户的带动能力弱，管理欠规范，可持续发展能力弱。王姮(2004)认为中国农业产业化的发展处于金融抑制的环境，融资问题突出：农村商业金融组织体系呈萎缩趋势，有资格在资本市场融资的企业数量有限，农村合作金融流于形式，对农业产业化的政策金融供给明显不足，民间金融无合法地位，风险补偿不完全导致信贷供给不足等，造成农业产业化中的各经济主体融资困难。宋青梅(2004)认为政府行为不当阻碍了中国农业产业化的健康发展，如容易将计划经济条件下的工作思路和工作方法带入到以市场为导向的农业产业化进程中。郑文凯(2004)认为目前对农产品加工行业的税负较重，政府扶持力度不够；农产品生产、加工、流通链条短；农民进入市场的组织化程度较低，农业合作组织、涉农行业协会发展滞后。

目前关于农业产业化发展过程中出现问题的研究中，基本上是对各类问题的罗列，就问题本身谈问题，而没有注意到各类问题之间的相互联系，难以找出根本性的矛盾。我们也不难发现，上述问题的发生和解决与土地制度密切相关，如利益联结机制问题、订单农业发展过程中的问题、农户规模和合作组织的问题等，都与商品契约和要素契约相关，进而与农地流转制度密切相关；又如农业产业化融资困难的问题，有些学者倾向于将目前土地承包的债权转化为物权，并赋予其抵押等权利；再如农户分散经营，无力发展农产品的深度加工，既难以培育大型龙头企业，也无法吸引外来大型龙头企业的进入；此外，在农业产业的选择上，农户市场信息不灵，因而在生产决策上盲目趋从，导致农业生产的严重雷同，供求结构严重失衡，农业经济效益急剧下滑，最终使农业产业化经营遭受挫折。因此，我们应该避免就单个问题提政策建议，而是要分析问题之间的相互影响的关系，注重政策建议间的协调性。

2.2 农地流转的现状和问题

目前，国内学者对我国农地流转的研究已经涉及各个方面，例如，农地流转现状与问题、原因与条件、道路与模式、利益分配、机制创新、法律规范等，还有不少进行了较为深入的调研。如前文所述，在本部分综述中将不讨论农地所有权流转即土地征用的问题，主要回顾农地使用权的流转。

2.2.1 农地流转的现状

田传浩(2005)将农地使用权的流转分为两种模式，农户供给型和集体供给型。农户供给型主要包括农地转包、转让、代耕代营和互换等农户之间的自发交易。Brandt et al.(2004)在1988年和1995年的调查数据表明，相对于1988年，1995年中国农地租赁的比例从0.6%上升到2.9%，在其样本中，浙江农地租赁水平最高，从1.6%增加到6.9%，山东和云南较低，1995年的水平仍为1.1%和0.9%，云南则呈下降之势。金松青和Deininger(2004)对贵州、湖南西部和云南等西部地区的调研显示，农地流转市场在1995—2001年间发展较为迅速，租入农地农户的比例从1996年的2.3%提高到2001年的9.4%。但是，愿意租出和愿意租入的土地面积都远高于实际租出和实际租入的农地面积，这也表明存在农地流转的障碍。赵阳(2007)综合各方面的资料估计我国农地使用权转让的情况，转包农地从1990年的0.44%增加到2004年的5%，各地差异也是比较大，仍是浙江最高。从流转对象来看，目前的农地使用权转让主要局限在本组之内,特别是直系亲属之间,前者占 73%,后者为 36%(赵阳,2007),对外来户的排斥比较严重,不利于农地使用权市场跨社区流转,且缺乏正式合约(田传浩,2005)。张照新(2002)通过对六省农村土地流转市场的调查分析,得出受非农就业机会的限制,农村土地流转市场供给低于需求;通过对各样本土地转让方式的统计分析,得出目前土地转让存在以下几种情况:土地转让规模较小;增加劳动收入是农户进入土地市场的主要目的;范围以组内转让为主,对象并不仅限于亲属;土地流转期限较短且不稳定;大多数转包无书面合同,没有经过村组集体同意;转包费支付方式多样化。总之,农户供给型的农地流转从 1994 年来有一定的发展,但是发生率仍然较低,农户的流转意愿并没有得到很好的实现,且有欠规范。

集体供给型由集体经济组织出面组织的土地使用权流转,主要包括“两田制”、反租倒包、股份合作制、四荒地拍卖等。1992 年全国有 170 万个村组实行“两田制”,占村社总数的 32.3%,耕地面积达 5.9 亿亩,主要分布在中、东部地区,尤其是中部地区增长最为明显(赵阳,2007)。根据叶剑平等(2006)的数据,自 2001 年中央发布第 18 号文件以后,实行返租倒包的村庄中有 26%是 2001 年以后开始的,72%以上的村庄规模经营的耕地比例不到 20%。田传浩等(2005)对苏浙鲁的农户调查显示,集体出租耕地显著大于集体分配耕地的块均面积,而且从集体租赁耕地的农户比重、耕地面积数、耕地面积比重均高于从农户租赁(田传浩,2005)。目前,农地流转机制的创新实际上也主要集中在集体供给型的模式上。

再来比较农户供给型和集体供给型这两种主要的农地流转模

式。理论研究可能更偏向于前者，因为前者是农户之间自发交易的，能够体现市场交易平等、自愿的原则，充分尊重了农户的自身意愿且体现市场经济的基本精神，起到了提高效率和公平的双重作用（金松青等，2004），因此，在 Feder et al.（1992）、Yao（1999）、赵阳（2007）等人的研究中，都用农户之间农地交易量衡量农地使用权市场发育的程度。而对于集体供给型的农地流转模式而言，村集体在一定程度上取走了农民拥有的部分土地使用权以及收益权（赵阳，2007）。还有，集体供给型模式还存在村干部对土地和农户信息了解不完善的问题（金松青等，2004）。另外，对政策制定者而言，最担心集体供给型模式在缺乏必要监管的情况下，可能会出现强迫农户流转、阻碍农户自由流转、寻租、侵吞农户利益等问题。但是，也有学者持反对意见。如田传浩（2005）认为农户供给型模式存在缺乏规范的土地交易契约、农地租赁期限短、交易费用高等缺点，而集体供给型模式则具有能够提供稳定长期的农地交易契约、降低交易费用、促进土地规模经营和农业经营结构调整的优点。黄英良（2005）对市场组织、政府组织（主要指村集体经济组织和乡镇基层政府）和专门的中介组织这三种农地流转组织形式的交易成本进行分析和比较后，提出介于市场组织和政府组织之间的中介组织是最有效率的，应该设立多种形式的中介组织来实现农地使用权的流转，提高农地流转效率。不过，农户供给型模式的缺陷是由农地制度、市场机制的不完善造成的还是这种模式自身必然存在、无法避免的，还需要进一步深入的讨论和分析。此外，对于我们重点关注的耕地零碎化问题，农户自发交易和集体调整这两种方式的取舍也没有达成一致。有些学者认为通过完善农地市场、通过农户自发交易来降低耕地零碎化程度（黄贤金等，2001；

郭铁民等，2001)。但是，目前农地市场发育程度和耕地零碎化的关系问题存在相互冲突的经验证据。也有学者认为土地市场发展反而会提高耕地零碎化程度，如出于风险分散(McCloskey，1975)和缓解劳动力供给不足的需要(Fenoaltea，1976)。田传浩等(2005)认为耕地零碎化是外部制度和市场机制共同作用的结果，需要统筹考虑上述两种机制，其关于苏浙鲁三省的经验证据表明，村集体介入农村市场能够降低交易费用和土地零碎化程度，而农户自发交易的作用却不显著。但是村集体的介入可能容易导致类似于集体供给型模式的弊病。因此，这一问题也需要进一步研究。

2.2.2 影响农地流转的因素及问题

目前关于影响农地流转因素的研究，主要集中于农户供给型模式。首先，史清华（2001)以固定跟踪观察农户资料为基础，以内地山西和沿海浙江为对象，对 1986—2000 年间两地农户间农地要素流动行为进行经验分析，认为农户家庭农地流转所遵循的原则依然是经济理性原则，提高农地利用效率是农地流转行为发生的根本动机。因此，关于农地流转问题的分析起点还是应该从农户理性的角度出发。

其次，农户非农就业机会和非农收入的增长，降低农户对农地的依赖度，促使在非农工作上具有比较优势的农户租出农地，进而导致农地租金下降，从而具有农业生产比较优势的农户租入农地，有助于农地流转市场的发育，这一点已被绝大多数经验研究所证实(赵阳，2007；金松青等，2004；Kung，2002)。但是，非农就业机会和非农收入的增长要有一定的稳定性和可持续性，如果产生波动，导致农民工回流，会影响农地流转市场的稳定发展。

第三,农地产权制度对农地流转的影响,一直是这一领域分析的重点。钱忠好(2002)认为其法律属性不明确导致农地承包经营权的不完全性,降低了农户农地经营收益和农地交易价格,提升了农地交易成本,降低了农地市场交易的净收益,最终减弱了农户的农地需求和供给,必须按物权理论规范我国农地承包经营权制度,从产权安排上克服我国农地市场发育的产权制度瓶颈。而且,承包权在法律上的规范性也很重要,叶剑平等(2006)发现土地承包合同或证书的发放有利于农地流转市场的发育。他们的调研数据显示,签订承包合同或者发放证书的农户参与农地流转的比例明显高于没有签订或者发放的,而且前者有现金补偿交易的比例明显高于后者。何静 (2001)认为必须赋予农地使用权流转一定的法律保障:在法律法规中界定"农村土地使用权"的具体权利;强化使用权的可继承性;明确使用权有偿转让的合法性,并对有偿额进行量化;规定各种流转形式的流转期限及因农地流转涉及的乡村税费负担问题。同时,地权稳定性也是经常被讨论的影响因素,通常认为稳定的地权有助于稳定农户预期,促进农地流转,而土地调整与土地市场交易之间可能存在替代性。赵阳(2007)认为土地调整的不确定性会阻碍从事非农工作的农户出租土地,村干部可能将出租土地看成是一种信号,即收回出租的土地并分配给其他村民。但是,在赵阳(2007)的经验研究中,土地调整的幅度和频率与农户转包行为基本上没有关系,而跨村组的土地调整则对农户转包行为有明显的负面影响,这可能与跨村组土地调整产生更高的交易成本有关。此外,在金松青和 Deininger(2004)的研究发现,作为第一个实行土地使用权比其他地区长的省份,贵州的土地租赁市场活跃程度远不如湖南西部和云南。显然,一个好的土地产权不是土地租赁市场发育的唯一条件。

第四，在中国，土地在很大程度上承担农民社会保障的功能。李录堂（1994）认为，要使农地流转起来，首先要解决农村劳动力转移过程中的农民职业保障问题，而解决这一问题的最佳选择是利用保险手段，以保险公司的社会职业保障功能代替农地使用权对农民的职业保障功能，并在这种代替过程中通过保险公司形成一种实现农地流转集中的机制。

第五，初玉岗（2001）认为农地流转不畅的根本原因不在于流转制度和土地供给方面，而是在于这种流转方面有支付能力的需求不足，现有需求所决定的流转代价不足以调动起外出务工等农户出让其承包土地使用权的意愿。但是，金松青和 Deininger（2004）对贵州、云南和湖南西部的调研数据显示不存在需求不足的问题。不过，大力培育企业家型的农户和农民应是当前促进农村土地流转的重点之一。

第六，车裕斌（2004）分析了我国农地流转系统驱动力机制（重点分析了农地流转的市场机制和宏观调控机制、管理机制）的作用机理与我国农地流转机制缺陷及其产生的原因，认为我国特殊的农地产权利益集团格局和农地流转机制的缺陷，使农地流转的实际作用效果偏离了农地流转宏观目标，现行的农地流转并未达到农地流转制度设计的目标，近期应重点建设与农地市场化流转需求相应的宏观调控机制。

第七，农地流转市场的发育还与乡村政治密切相关。村干部可能会利用土地作为奖励或惩罚的工具，确保国家利益和自身利益，如利用土地周期性调整抽取租金，包括金钱形式的和非金钱形式的，如在计划生育等其他方面提供配合等来完成上级政府交予的任务(Johnson,1995)。这一方面使得村干部有激励进行频繁的土地调整从而影响农地流转;另一方面,可能会直接限制农户自由地流转农地,如规定农户间农地流转必须经过村集体组织同意等,而且使村集体有激励选择集体型土地供给模式。金松青和Deininger(2004)的经验研究表明,村干部对土地租赁的态度对农户参与行为影响很大。目前,大多数学者认为公开的村级政治过程有助于此类问题的解决。

最后,在一些利用计量手段的经验研究中,会纳入一些农户的控制变量。如金松青和Deininger(2004)、赵阳(2007)对户主的年龄、教育水平、非农资产、是否为干部、劳动力人数、总耕地面积、人均耕地面积、家庭依赖比率、农民负担等进行检验,结论基本上符合预期。

关于集体供给型的农地流转模式的问题,主要与乡村政治有关,涉及流转利益在农户、村集体、经营者之间分配的问题、农户权益保护的问题、农村社会安定的问题以及可能存在的寻租现象。上述问题的解决是集体供给型农地流转模式成败的关键,也是目前各种土地流转制度创新及推广的成败关键。目前关于这一问题的解决方法也主要是公开的村级政治过程(Johnson,1995)。但是作为中国整个政治过程的一部分,村级政治过程显然受国家宏观政治过程的影响,上述问题的解决可能不仅仅是一个村级民主的问题。

在国外研究中,由于土地制度的差异,大部分国家实行土地私有制度,农地可以直接进入市场进行交易,并没有明确的"农地流转"概念,各种研究多是农地市场、地租、地价、产权及交易等。威廉·配第、亚当·斯密、李嘉图以及马克思、恩格斯是较早对土地地租、土地交易进行系统深入研究的经济学家。由于农地流转的本质是产权交易，因此国外很多学者的研究侧重于土地产权和土地市场的研究。Feder et al.(1993,1998)认为产权清晰的土地资源对提高农业投资和农业生产力有重要作用；明确地权还会降低交易成本，将生产要素配置给最有效率的农户，形成规模经营，最终提高农业生产力。Ruden (1999)认为土地产权的安全，不仅受到农业生产类型和农户家庭的影响，更受到市场中土地、劳动力及资金等要素不同配置的影响。Binswanger (1994)指出持续存在的土地、劳力、信用及商品市场的扭曲是资源利用率下降和经济迟缓的主要原因；土地所有权和使用权的流转交易会使土地资源配置更有效，并刺激土地资源开发的深度投资，减少农户的风险规避行为。Claudio Frischtak (1995)认为政府干预会影响土地市场，导致土地市场的低效率和对穷人的歧视，主张改革土地交易管理制度，认为好的土地交易管理须具备完善的制度体制：建立土地信息系统，提供土地价格、附加投资以及地租等信息；建立地界纠纷处理系统专门调节土地划分的变动，促使土地以较快的速度和合理的成本进行交易；解决土地交易争端和实施所有权；建立土地估价系统，依据地块大小、所有权关系、产量、投入和产出估计地块的市场价；鼓励土地登记；地方政府和社区提供专门的土地技术支持；对为公共目的进行的土地征用进行合理补偿。Matthew Gorton (2001)通过对 Moldova 地区现有小规模土地经营现状的分析，认为鼓励农业生产的联合经营会减少土地交易的障碍，但如果没有界定清楚的土地所有关系和正式授权的土地证书，土地市场的功能仍然是微弱的。Douglas C. Macmillan (2000)从经济学的角度分析土地市场，认为土地可以在公开市场进行自由交易，但是在交易过程中会发生市场失效，造成土地利用的动荡，因此财政部门应支持政府干预市场以弥补市场缺陷。这些国外关于土地市场和土地交易等研究对我国完善和创新农地流转机制有很大的借鉴作用。总之，因为国外土地的产权清晰，有完善的土地市场，他们的研究多是关于如何解决土地市场面临的一些问题或土地交易中的负面影响等，如土地、资源和环境等相关保护问题。而国内的研究是在我国土地产权的特殊性条件下进行的，如果直接搞土地市场化，其制度变迁成本是非常大的，因此国内的研究观念具有渐进特性，先采取土地使用权在市场上流转，在一定程度上使土地达到优化配置和充分利用。

2.3 对已有研究的总结

综上所述，在中国，农地流转是农业产业化产生和发展的必然前提，这一问题已达成共识。农业产业化过程中的商品契约和要素契约直接决定了农地流转的程度和规模，中国的农业产业化到底是走以商品契约为主还是以要素契约为主之路仍然存在争议，进而农地流转是基于农户之间的小规模调整还是耕地向大资本集中也尚存争议。目前，对于两种可相互替代的契约的研究而言，需要统筹分析的框架和思路，并在此基础上讨论区域和行业的细分问题，避免政策建议一刀切的现象，这些都需要在理论和经验研究上做进一步的发展。此外，成功的农业产业化将提供更多的非农就业机会、提供更高的土地收益以及租金，促进城市化尤其是小城镇的发展，这些将有利于解决农地流转过程中的一些问题，如流出方关注的土地租金、非农就业以及社会保障问题和流入方关注的收益问题等。当前的文献对于农业产业化对农地流转的促进作用以及可能产生的影响尤其是产业化过程中交易成本节约、效率提升的收益分配问题、农户福利问题的分析不多，需要在这些方面做进一步的研究，这些问题的解决有助于土地健康、有序、顺畅的流转。

基于中国的农地产权结构，农地流转制度分为农户供给型和集体供给型两种模式。前者发展水平较低，但是近年来发展迅速，不过农户的流转意愿并没有得到很好的实现，且有欠规范；后者发展迅速，但是问题突出，遭遇制度、政策瓶颈。两种模式各有优劣，在促进效率、平等和解决耕地零碎化程度上，相关研究仍处于争论之中。影响农户供给型农地流转的因素分析仍应从农户理性的角度出发，在非农产业的发展、农户的社会保障问题、乡村政治以及部分关于农户家庭特征的控制变量上，各项研究基本上达成一致，但是在各种细化的产权结构的影响、农户的有效需求方面仍存在一定的分歧。目前的农地流转制度创新主要集中在集体供给型这一模式上，如何解决流转利益在不同主体之间的分配等问题还需做进一步的深入研究。最后，我们要关注不同农地流转模式的优劣之处和影响农地流转的因素可能在各区域间以及各农业行业间呈现不同的特征，这对政策建议的合理有效与否起关键的作用。

3. 农业产业化、契约安排和农地流转：一个理论分析框架

基于第二章的文献回顾，本章尝试构建农业产业化和农地流转的理论分析框架，从而为案例研究和政策建议提供必要的理论基础。农业产业化作为一种农业产前、产中、产后垂直协调的过程，是中国农业现代化进程的必然演进方向。农业产业化涉及垂直协调的契约安排，包括契约安排决定主体的确定、影响契约安排的因素分析，指出最优的契约安排取决于具体农业产业化行业的交易成本特征以及契约所嵌入的社会、文化、法律结构等。显然，具体的经济制度也会影响契约安排，特别是就农业产业化项目而言，往往是土地密集型的，因此，无法回避农地制度的影响。所以，我们进一步结合中国农地产权制度，讨论农地流转和农业产业化以及垂直协调契约安排之间的相互关系。

3.1 农业产业化与垂直协调

3.1.1 垂直协调：农业产业化的本质

20 世纪 50 年代以来，世界农业生产组织方式经历了一场深刻的变革：首先，农业生产联结数目发生了明显的变化，农产品生

产环节的联结数目增多，家庭农场的投入品包括化肥、种子，种植（养殖）过程中技术服务以及运输、储藏服务，越来越依赖于家庭农场之外的企业或组织，而在传统农业生产中，这些往往在家庭农场内部完成；同时，通常分别由各个企业完成的环节，比如批发、零售以及投入品的生产和组织等逐渐内部化由单个企业或相关的组织完成；其次，也是最为关键的是，这些上下游之间的垂直联结方式从以开放的、非人格化的现货市场（Spot Market）为主演变为以协商性的、人格化的甚至是非常紧密的契约关系为主（Boehlje and Schrader，1998），即对农业生产的各个环节进行越来越多和越来越强的各种形式的垂直协调。垂直协调是指协调上下游价值增殖体系中的各类功能的过程，使各部分功能的联结变得和谐（Sauvée，1998）。在农业生产中呈现的各环节、阶段联结方式的根本性转变和农业产品生产企业间的联合这一现象，被称为农业产业化（Industrialization of Agriculture）（Urban，1991；Barry et al.，1992）。因此，从西方学者对农业产业化的定义来看，垂直协调是核心特征。

在我国，在计划经济体制下，产业链上各个不同的生产环节和投入产出的交易环节，包括农业的种植、加工、销售和投入品与信贷的供给，是由中央计划体系来决定和协调的。这种协调体系源于政治目标，服从于重化工业优先发展的赶超战略，政府人为压低农产品价格，导致农产品供给缺口扩大，从而不得不实行农产品的统购统销和农业经营的人民公社化，农户被限制在农业生产环节，农业生产的物资投入、农业技术的供给以及农产品的加工销售由政府通过行政组织体系统一调拨。一方面因为计划制定者缺乏足够的信息，难以保证计划体系通畅运行，而市场价格体系的缺失导致生产过程和交易过程的无效率；另一方面，更为重要的是，由于调拨机制的僵化、缺乏竞争性、非利润导向等诸多因素，农业生产过程中的投入、种植(养殖)、加工、销售等环节相互脱节，分属于不同的条块部门，农业产业链实际上被人为割裂，农业生产组织形式与当时世界主流的农业生产组织变迁方式背道而驰。

改革开放以来，家庭联产承包责任制的出现和农产品价格管制的逐步放开，改变了农户的激励机制，促进了农业的发展、农村的进步和农民收入的提高。但是，分户单干尽管解决了长期以来阻碍中国农业发展的激励问题，却因为人多地少的国情，导致单户规模偏小、土地细碎化程度偏高，在原先国家统一控制的垂直协调体系瓦解的同时，农业生产过程中的各个环节也被割裂了。[①] 不过，随着体制束缚的打破和市场化进程的推进，首在整合这些生产交易环节的制度创新的收益不断提高，农业生产组织形式的创新在部分地区应运而生，通过对被割裂的产业链的重新联结、整合来寻求农业生产效率的提升、农业生产利润的提高和农民生活福利的增进。这一过程实际上选择了当前国际农业生产组织和结构变迁的主流路径，即农业产业化。

关于中国农业产业化的内涵特征，尽管学术界的看法仍未完全一致，但是均强调农户、企业、合作组织等各经济主体以市场为导向、以经济效益为中心，利用各种契约形式将农、工、贸、科等相关组织以及所涉及的各个环节结合起来，把农业整合为一个完整

---

① 这种现象广泛地存在于20世纪80年代的转型国家和地区，详细见Swinnen和Maertens(2007)的分析。

的产业链条，将农业生产的产前、产中、产后诸环节整合成一个产业系统（牛若峰，1998；赵爱英，2003；等等），强调以市场为导向、以经济效益为中心。国内学者通常将这一产业链比喻为中国传统的图腾——龙，根据产业链上各个关键节点和环节的垂直关系，将其分为“龙头”（产后环节）、“龙身”（产中环节）和“龙尾”（产前环节）（周立群和曹利群，2002）。因此，产前、产中、产后诸个环节的垂直协调也是中国农业产业化的核心特征。

3.1.2 垂直协调的必要性

垂直协调的作用和形式在农业生产组织方式创新中的主导地位不断强化的原因被 Sauvée（1998）归纳为四个方面：提高效率、获取市场优势、降低不确定性和获得（或降低成本）融资。Marion（1976）认为技术和市场规模的变迁、决策行为、市场结构是农产品生产垂直组织的决定因素；Helmberger et al.（1981）强调上下游间技术的互补性和不完全竞争也是垂直协调发展的激励因素。但是，与纯粹的即时市场相比较，垂直协调面临着缔约成本、激励问题、政府规制等制约。因此，垂直协调在农业生产中的作用发挥取决于其收益和成本的比较（Boehlje and Schrader，1998）。

（1）垂直协调的收益

产品多样化和风险问题及其结合是农业生产领域垂直协调产生的直接推动力。就需求方面而言，随着社会经济的发展，消费者对农产品及其加工品的需求呈现多元化，对营养、健康和食品安全更为关注，产品的价值对产品特征的敏感性加大。因此，消费者所需求的最终产品特征的信息在农业生产中尤为重要。最终产品特征的形成取决于"产前"、"产中"、"产后"各个环节。就"产前"而言，种子等投入品通常决定了最终产品的生物基因特性，如何避免投入品价格波动的风险，往往需要正式契约等垂直协调方式。就"产中"而言，这一过程中农药、化肥或者饲料的提供以及具体技术在时间、空间上的选择都将影响产品的特征。此外，农产品往往因为自然、人为等各种因素导致产量不稳定，进而引发投入品和农产品价格的波动。为了避免产品的数量、价格方面的波动，对于单个企业或者农户而言，除了农产品期货市场之外，主要依赖订单农业或者垂直一体化的垂直协调方式。而质量控制也依赖于垂直协调如具体的技术指导和服务，甚至完全一体化。而"产后"的加工环节，因为产品特征的专用性，可能需要更多的资本投入，产品的加工、包装、运输等各个阶段都需要稳定的产品数量和约定的产品质量来满足机器设备的利用能力，而数量和质量的波动在纯市场环境下难以解决，需要垂直协调各个环节。"产后"的销售环节则直接和消费者接触，从而更容易获取相关的信息，但是如何保证产品质量和需要的供应数量，尤其是食品安全、环境保护等方面的问题，一旦缺乏与前述环节协调，可能带来更大的风险。

由于农业生产的特殊性，公开现货交易市场在表现、传递这些涉及产品特征（数量、质量、时机等）方面信息的过程不如垂直协调（Boehlje and Schrader，1998）灵敏，如农业生产一般都需要一个自然周期，生产者对价格信号的反应存在滞后性，而垂直协调体系则通过上下游决策者之间更高频率和更直接的交流来促进信息的流通以及行动、策略的及时调整。

最后，从目前世界各国，尤其是和中国体制背景比较接近的转型国家、发展中国家(包括中国)的实践来看,农业部门垂直协调有助于提高农户生产的效率,甚至促进农户间的平等(Swinnen and Maertens,2007),具有积极的经济和社会效益。

从效率层面上来看,首先,参与订单农业等垂直协调的农户可以获得产品需求方在投入品方面的资金支持、获得必要的培训和技术指导、得到及时足额的支付和有保障的销售价格和销售量、降低营销成本,因此提高产量和产品的质量,从而提高了农户的收入。这种效应在对塞内加尔、印度、泰国、菲律宾及东欧国家蔬菜、牛奶、园艺、水果、粮食等诸多行业的经验研究中得到证实(Maertens et al. ,2007;Gow et al. ,2000;Swinnen,2006;Gulati et al. ,2005;Dries and Swinnen,2004;Birthal et al. ,2005)。中国部分地区的经验研究也支持这一结论,如垂直协调在“生产技术标准”、“技术服务和培训”、“病虫害防治服务”、“统一品牌(包装)”、“保鲜服务”、“种苗供应服务”、“农资采购服务”、“市场信息”、“按保护价收购成员产品”和“代理销售”等方面的服务促进了浙江仙居杨梅种植农户收入的增长(李曼琳,2008);又如祝宏辉(2007)对新疆天山地区番茄种植户的研究发现,订单农业生产方式对农户产量、收入的增加作用显著,并且相对于非订单农业生产方式而言,订单农业的要素使用效率更高,是对资源、环境更为友好的农业生产方式;对中国总体数据的时间序列分析表明,财政支持农业产业化项目对农户收入增长具有明显的作用。其次,在垂直协调体系中,下游企业或其他组织与农户的合约中往往确定了保护价,并确保收购一定产量的农产品,因此,对于农户而言,避免了高度波动的市场风险,这对于农业保险市场不完善的地区而言,尤为重要。农户预期收益的稳定和及时支付体系的建立,可以放松农户的信贷约束，促进其在农业生产和其他方面的投资。[①] 而且，从 Swinnen (2005)、Maertens et al. (2007)等关于农户参与垂直协调动机的调研结果来看，有保障的农产品销售量和销售价格以及稳定收入是决定农户参与的重要动机。除了上文提及的相关机制之外，从中国的实践来看，垂直协调有效地解决了小农户和大市场之间的矛盾，促进区域特色农业经济的形成和发展，通过规模化、专业化和集约化的发展，形成区域品牌，提高产品的附加值，提高农户生产效率和收入。此外，垂直协调体系有利于推动中国在内的发展中国家农业现代化进程。垂直协调过程一般伴随投入品的改善、农业生产技术的改良以及产品质量或产量的提高，有利于促进现代农业的发展；同时，农业产业化伴随着第二产业和第三产业的发展，为劳动力非农就业提供了保障，也为加快城镇化进程提供了必要的产业支撑。

垂直协调对农户收入分配的影响较为复杂，结论不如其对效率影响那么显著。平等(Equity)问题主要涉及两个方面。第一个方面是垂直协调所形成的效率提高和福利增加如何在体系内各参与主体之间分配。在新古典经济学的框架下，这种分配取决于各主体对增进福利的贡献程度。显然，垂直协调的福利增加需要下游的加工企业、出口商、零售商和农户之间的合作，参与农户可以从中实现福利增进，这种帕累托效率改进的幅度可能受到其贡献度的约束。但是，在放松新古典经济学的严格约束后，由于下游企业凭借信息、规模等方面的优势会形成垄断力量，通过设定各种条

---

① Gulati et al. (2005)对南亚和东南亚的研究和 Henson(2004)对乌干达蔬菜行业垂直协调的经验研究都证实了这种效应的存在。

件与农户建立不平等的契约关系，攫取绝大部分利益（Warning and Key，2002）。[①] 然而，上文关于各国的经验研究表明农户利益增进还是显著的，在一定程度上否定了上述推论，但这又产生了第二个问题，是否在参与农户和未参与农户之间产生了不平等效应。垂直协调对参与农户的选择可能存在财富偏向效应，出于交易成本的考虑、投资的需要和能力技术的要求，垂直协调倾向于土地面积大、富裕且具有能力的农户，因而可能会造成贫富差距的进一步扩大和农村内部社会阶层的进一步分化。不过，也有研究对这一问题加以反驳，认为这种财富偏向效应在现实中并不明显，案例研究发现参与垂直协调体系的农户仍以中小农户为主；大农户尽管在管理等交易成本上具有优势，但是在合约制定和执行过程中更具谈判力，从而增加了下游企业的交易成本；而且，较小规模的农户可以通过劳动对资本、技术的替代，从而并不影响成本效率。[②] 所以，通过财富偏向效应进而扩大贫富差距的机制并没有起明显作用，Swinnen 和 Maertens（2007）对相关经验研究总结为此提供了证据。中国在这一方面的经验研究主要集中在第一方面即利益在协调体系内部的分配问题上，对第二个问题的研究几乎是空白。

（2）垂直协调的成本

同时，垂直协调面临着各种约束所带来的成本，侵蚀垂直协调的利益。比如，订单农业面临较高的缔约成本，关于价格和数量的

---

① 实际上，利益分配方式取决于具体的契约形式，在不同契约形式中，农户的地位以及相应的收入分配亦不同。我们将在下文讨论契约形式的选择问题。

② Tan、Heerink、Kruseman 和 Qu（2008）关于中国的经验研究发现，经营地块大小和地块数量的分布并不影响单位产值的总成本，只是影响成本的具体构成，规模小的农户倾向用劳动投入替代资本和技术投入。

确定、质量评级、风险分担等问题达成一致可能需要耗费大量的资源，尤其是在契约不完全程度较高的情况下，供需主体数量和信息上的不对称，容易引发基于高资产专用性的敲竹杠(Hold-Up)等现象，导致交易成本大幅提升。垂直一体化的要素契约通常面临工人监管、激励问题以及较高的科层费用；垂直协调后形成过大的市场权力可能遭受到反托拉斯法对垄断问题的规制；在农村劳动力过剩的中国，可能还会面临社会稳定成本，完全垂直一体化后可能会造成土地大规模集中以及资本、技术和土地对劳动力的替代，农村显性或隐性失业的增加，农村土地作为劳动力蓄水池的功能丧失[①]，尤其在经济衰退期，不利于社会稳定。此外，经营者个体的效用函数通常是"独立感"的增函数，垂直协调往往需要经营农户部分权利的让渡、工作时间的非自愿性调整等，造成农户效用下降；垂直协调体系对贫困农户的排斥等可能造成农村贫富差距的扩大和阶层的分化；现货市场运行的制度环境的改善，会降低垂直协调利益空间等。这些都在绝对或相对意义上生成了垂直协调的成本(机会成本)。

(3) 小结

因此，农业生产组织方式中是否选择垂直协调取决于上述收益和成本的权衡。随着社会经济的进一步发展，对产品特质需求多样化的程度将不断提高，这是推动垂直协调的主要动力；生物技术的不断进步，改变了产品特征和加工过程，成为在供给方面推动非市场垂直协调的重要力量；垂直协调在提高农户收入方面显示

---

① 在中国，农村土地除了承担社会保障功能之外，还发挥农村劳动力蓄水池的功能。当经济高涨时，非农劳动需求的扩张吸收农村劳动力；而当经济衰退时，非农劳动需求下降，大量农村劳动力返乡，农地起到了安置这些剩余劳动力的作用。

出突出的绩效；信息技术的发展降低了监管等垂直协调的成本，同时也提高了纯市场的效率，但是技术进步的预期净效应将偏向于非市场的垂直协调（Schrader，1986）。所以，垂直协调进而农业产业化是农业产业组织形式变迁的主流路径。

3.2 垂直协调契约安排决定主体的确定

上一节论述了农业产业化的本质是垂直协调，而垂直协调必然涉及具体的契约安排。显然，契约安排取决于交易成本和生产成本的最小化。但是，农业产业化过程中各参与主体的利益并不是完全一致的，因此不同主体成本最小化的契约安排可能并不一致。所以，在讨论契约安排时，我们有必要首先确定契约安排决定主体，即在这一垂直协调体系中处于控制地位的主体。这种控制地位也决定着垂直体系所实现的效率增进在不同参与主体之间的分配状况。

3.2.1 对已有研究的回顾

在垂直协调体系中，或者说是在农业产业化的产业链上，控制权是如何分布的？早期的研究认为，控制权来源于主体的规模，参与主体对垂直协调体系的控制权和市场规模呈正比。那么，参与农业产业化各参与单位的规模决定了契约安排的决定主体。根据这一观点，只有企业或者农业合作组织，而不是分散的农户才能成为契约安排决定的主体单位。

Boehlje和Schrader（1998）对这一问题做了进一步的拓展。他们认为，除了规模权力（Size Power）之外，由于处于农业产业化不同阶段的主体对关键性信息获取能力的不同，从而产生了所谓的位置权力(Position Power)。随着社会经济的发展，产品需求的多样化以及对应投入品的不可替代性，不但推动了垂直协调的发展和深化，也使得产品需求和投入品特性的信息成了垂直协调体系中最关键的信息。处于产业链末端的加工、销售终端主体，凭借其与消费者的紧密联系，在获取消费者对产品特性需求的信息上，具有明显的优势，而且为了获取信息租金而尽可能不公开，使信息私人化。而种植(养殖)过程中的主体很难与最终消费者形成紧密的联系。因此，为了满足有效需求(Effect Demand)，垂直协调体系内的其他主体行为不得不受约束于产业链末端的主体。此外，最终产品特性的形成，往往依赖于投入品的特性以及种植(养殖)过程的特性，替代弹性低且对最终产品特性形成贡献大的投入品的生产知识，也成了农业产业化链条上控制权产生的源泉之一。所以，垂直协调体系中控制权的非均匀分布，通常集中于产业链的起点和末端。

Boehlje 和 Schrader(1998)的分析在强调信息的关键作用时，忽视了规模以及信息和规模的相互作用，而不同类型信息的规模经济程度不同；而且我们不能排除在农业生产(种植)养殖过程中存在关键私人信息的可能性；此外，集中在产业链起点和末端的控制权应该对应于何种形式的组织，他们的研究没有给出的答案。契约形式选择主体的确定还需要做进一步的探讨。

3.2.2 垂直协调契约安排决定主体的确定：信息、规模及相互作用

从垂直的产业链来看，私人信息分布于投入品生产和供应环

节、农业生产环节、产品直接进入消费市场环节或者产品进入加工环节并最终进入消费市场（见图 3—1）。

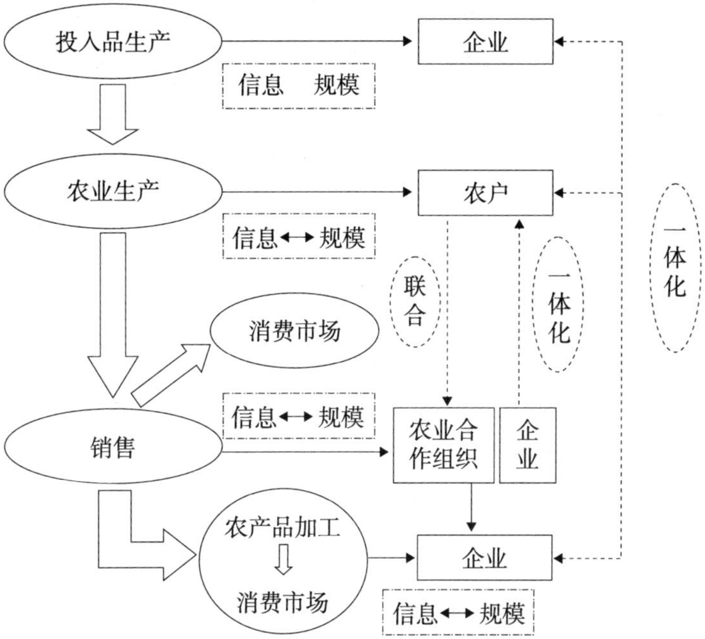

图 3—1　信息、规模与契约形式选择主体

首先，不同环节信息的重要性①不尽相同，这种信息重要性的环节分布会因为具体农业行业的特性、社会环境、公共政策的不同而不同。比如，对于直接面向消费市场的传统大田作物而言，消费市场接近于完全竞争，种子、化肥等投入品的替代性很强，反而在种植过程中存在一定的私人信息，比如劳动者的努力程度等，因此对于这一较为极端的行业而言，农户反而居于核心

① 此处信息的重要性指某一环节信息在产品最终实现其价值的过程中所起作用的重要程度或不可替代程度。

地位，在契约形式的选择上具有一定的话语权。而且，如果政府在农业政策中偏向于市场信息的公开，如建立高效的市场价格、需求发布体系，通过公共财政资助投入品研发并向社会普及研发成果，那么，农户私人信息在垂直协调体系中的重要性将进一步提高。需要注意的是，不同环节信息的规模经济表现亦不同，农业生产过程中的私人信息如难以监督的劳动者努力程度，不存在通过复制而获得经济收益的可能性即不存在规模经济，因此，当农业生产过程中的信息起到关键作用时，个体农户在契约形式选择上居于主导地位，这通常对应于垂直协调程度最低的现货市场。

不过，投入品生产环节、产品销售环节或者加工环节的私人信息，往往存在明显的规模经济。一方面，上述环节信息的获取，需要一定的规模经济为基础，如消费者对产品特性需求的信息分布依赖于足够大的规模去获取足够量的样本，而且部分私人信息的获得需要大量沉淀成本的投入，如在投入品生产阶段关于基因技术的获取需要支付大量的成本，不过，其信息的复制具有明显的边际成本递减效应，甚至边际成本为零。另一方面，主体可以重复利用这一信息获利，比如超市可以将消费者的需求信息复制到其他新开的分店，加工商的产品加工知识在加工过程中不断复制，因此，信息的边际收益为正。而且，这类新知识和新信息的生产通常具有收益递增的性质，即生产成本（产量）与私人信息存量成反（正）比。所以，投入品生产阶段、产品销售阶段或者加工阶段的私人信息规模经济效应非常明显，而且，在投入品生产和农产品加工环节，需要资产专用性程度很高的专用设备，故往往对应于具有规模经济的企业，而销售环节投入的资产专用性一般不如专用设备高,故可以对应于企业或者农业合作组织。所以,如 Boehlje 和 Schrader(1998)所强调的,当上述环节发挥关键作用时,企业或者农业合作组织成为契约选择的主体。[1]

此外,我们不能排除不同环节信息的重要性比较接近的情况。当在垂直协调体系内部出现多个权力控制中心时,各权力中心之间的协调问题非常突出,在非合作状态下往往形成囚徒困境。当投入品生产、供应环节与产品加工环节之间的信息重要性接近时,特别是当加工过程或者最终产品需要具备的特性和投入品的性质密切相关时,两个环节的企业往往通过一体化来完成上述协调,即一个企业同时参与两个过程,这也是我们通常所见到的农业产业化的形式,龙头企业一体化"产前"和"产后"的生产环节。当农业生产过程的信息重要性同上述两个环节势均力敌时,通常因为企业在规模上的优势而获得主导权,但是,即使如此,企业在契约选择的过程中也必须重视农户的行为,面临构建合理的激励约束机制、让农户显示其真实私人信息的问题。另外,农户为了克服规模上的劣势,可能通过组建专业合作社等农业合作组织来参与竞争,龙头企业也有可能通过直接一体化避免主导权的丧失(如图 3—1)。所以,在这一情形下,契约形式选择主体较为复杂,一般以企业或者合作组织为主。

3.2.3 小结

综上所述,信息、规模及相互作用,决定了垂直协调体系参与主体的组织形式选择和权力体系的分布,表 3—1 给出了这一分

---

① 企业和农业合作组织之间的关系我们将在下文和下一节详细讨论。

析结果的总结。当农户成为契约选择主体时，一般对应于现货市场；而当凭借信息、规模上的优势，龙头企业或者农业合作组织成为契约选择主体时，垂直协调的契约形式选择就变得复杂了，如龙头企业与农业合作组织之间的竞合关系如何处理、企业会选择何种形式的契约形式降低垂直协调体系中的各种成本等。不过，当合作组织居于主导地位时，契约的安排仍是商品契约，而不是要素契约，只是在治理结构的设计过程中面临选择不同松散程度的安排而已，如只是简单的产品价格、数量的约定还是参与到技术、投入品和管理上去等。若涉及剩余索取权，比如合作组织占有剩余索取权时，此时合作组织实际上演变为企业了。因此，下一节主要从企业的角度出发讨论契约形式的选择问题。

表 3—1 契约安排决定主体与条件

契约形式选择主体	条件				
	农业生产环节的私人信息	投入品和加工环节私人信息	农产品销售环节私人信息	农业生产环节的规模	投入品和加工环节的规模
农户	重要	不重要	不重要	小	大/小
合作组织	重要	不重要	重要	大/小	大/小
企业/合作组织	重要	重要	重要	大/小	大
企业	不重要	重要	重要	大	大

3.3 农业产业化垂直协调体系中的契约安排分析

龙头企业作为契约安排的决定主体，面临如何选择契约形式最小化垂直协调体系中各类成本之和的问题，这还涉及农户和龙头企业、合作组织之间的利益联结方式以及对农地流转形式的不同要求，因此，这是一个非常关键的问题，引发了大量的相关研究。从理论源泉而言，这一问题的理论分析主要基于交易成本经济学，此外，基于不完全契约的产权结构效率理论、历史比较制度分析等也为之提供了分析工具。从国内已有的研究来看，往往偏重于讨论哪种契约形式（契约治理结构）最优，比如比较商品契约和要素契约的优劣或者“龙头企业＋农户”和“龙头企业＋合作组织＋农户”的优劣（周立群和曹利群，2002；钱忠好，2000；等等）。[①] 事实上，我们认为，不同的契约安排（治理结构）是否有效率取决于交易行为和标的物的特征，比如行业的特征，也取决于社会治理结构、文化结构等诸多因素，因此，我们在此更关注契约安排问题，即根据不同的条件选择适宜的契约形式。[②]

3.3.1 对已有研究的回顾

(1) 对交易成本经济学的选择性回顾

交易成本经济学在分析契约安排和交易成本关系上提供了一个很好的理论框架，因而有必要对交易成本经济学在垂直协调领域上的发展做一个简要的选择性回顾。

在科斯提出交易成本概念之后，Williamson 和 Klein 等人在

---

① 详细内容可参见第一章文献综述部分。

② 在国内的研究中，尹云松等（2003）、吴秀敏和林坚（2004）等人的研究关注于何种条件下选择何种契约形式的问题。不过，从产品的专用性（可替代性）和农户规模的角度来论述，后者是在不完全契约理论基础上根据交易双方的资产生产力和资产互补性讨论契约形式的选择。王爱群和夏英（2006）对他们的研究进行了综合，但并不全面，需要我们做进一步的拓展。

有限理性、机会主义的假设下，考虑到契约的不完全性，开创了交易成本经济学。Williamson(1979)引入资产专用性这一核心概念以及交易频率和不确定性这三个刻画契约属性的维度计算交易成本，进而决定具体垂直协调的治理结构(即契约类型)的选择，即选择交易成本最低的契约类型。资产专用性程度、交易频率以及不确定程度与垂直协调的紧密度[①]呈正相关，前三者越高，越容易出现敲竹杠等机会主义行为，不利于专用性投资的事后保护，因此越需要提高一体化的程度。鉴于早期 TCE 过度关注资产专用性交易费用的缺陷，Williamson et al.(1985)将分析框架扩展至生产成本，并考虑到垂直协调紧密度提高带来的激励能力的降低和官僚成本的提高。

显然，在各类契约或者治理结构中，存在着明显的委托代理关系。Mahoney(1992)试图将传统的交易费用理论和 Eisenhardt (1985;1989)关于委托代理理论的论述整合到一个更一般的框架。Eisenhardt(1985;1989)将完全契约下的委托代理理论引入到不完全契约的框架下。Eisenhart(1989)认为委托代理理论中涉及的逆向选择、道德风险以及风险和风险转移成本分担这些核心问题实际上可以归结三类成本之间的权衡，这三类成本分别为行为衡量成本和产出衡量成本以及将风险转移至代理人的成本，因而非常关注在委托代理关系中的控制问题。Eisenhardt(1985)引入任务的两种性质：过程可程序化(Programmability)和结果可分性(Separability)[②]。过程可程序化的程度越高，行为衡量的成本越

① 从商品契约向要素契约的演变过程是垂直协调紧密度提高的过程。

② 过程可程序化是指观测工作是什么以及如何完成的能力，结果可分性是观测或者确认是谁做了工作的(即参与者的贡献份额)能力。

低，在垂直协调中有利于要素契约的实施；结果可分性的程度越高，结果衡量成本越低，在垂直协调中有利于商品契约的实施。Mahoney(1992)在Eisenhart(1985；1989)的基础上引入衡量成本(Measurement Cost)，结合Williamson(1985)的交易成本来决定契约安排。垂直协调契约类型的选择应该最小化"协商、适应、监管和实施供求双方关系(Buyer-Supplier)"的成本。他强调交易属性中的资产专用性和任务属性中的过程可程序化及结果可分性，根据这三个维度给出了垂直协调体系中的契约安排问题(见表3—2)。

表3—2　垂直协调的契约安排

	低过程可程序化		高过程可程序化	
	低资产专用性	高资产专用性	低资产专用性	高资产专用性
高结果可分性	现货交易	长期契约	现货交易	合资
低结果可分性	关系契约	Clan(科层)	内部契约	科层

资料来源：Mahoney(1992)。

但是，TCE忽略了任何微观组织和制度都嵌入到一定的社会、政治、法律和文化结构这一事实，这些结构直接影响着经济主体的行为选择进而是组织和制度选择，比如Greif开创的"历史比较制度分析"曾分析了商人所处的文化结构(集体主义和个体主义)对马格里昂商人和热那亚商人交易制度选择的影响(Aoki，2001)。最后，Williamson(1993)曾将信任问题排除在交易成本经济学研究之外，认为关于信任的定义含糊且没有达成一致，但是，不可否认，信任有助于减少在达成、实施以及监督合约方面或者更多非正式讨价还价中的交易成本(Levi，2000)。

（2）交易成本经济学等理论在农业产业化垂直协调领域的应用

交易成本经济学对于契约形式（治理结构）的分析，很快应用到对农业垂直协调体系的研究上（Schrader，1986；Frank and Henderson，1992；Barry et al.，1992；Rehber，1998）。农业垂直协调的方式包含了一切使得垂直关系上相互依赖的生产和分配活动和谐的工具，从市场到各种形式的契约合同、直至完全一体化（Frank and Henderson，1992）。契约关系因为紧密程度的不同，在纯粹的现货交易（纯市场协调）和完全一体化（企业内部行政协调）之间表现为一个连续区间（Schrader，1986），具体如生产与营销合同、特许经营、策略性联盟、合资等（Young and Hobbs，2002）。

但是，为了分析的方便和从研究目的出发，我们着重讨论农业生产中较为常见的两类契约关系。一是商品契约，上游投入品生产商与农户、下游的加工商与农户、农业合作组织与农户、销售商之间签订商品合约[①]，通常会对产品的价格、数量、质量以及履约时间等有相应的规定，有时还包括“产前”、“产中”的配套服务及规范标准，有别于即时的市场交易，最为常见的是订单农业、特许经营等。在我国具体表现为“龙头企业”和农户之间、合作组织和农户之间签订农产品和投入品购销合同，签约双方法律地位平等，基本上不存在科层意义上的控制与被控制关系。二是要素契约，主要表现为企业先租用农户现有的土地使用权，再把依附于土地的

① 根据本章第二节关于契约形式选择主体的分析，我们可以将商品契约的实现方式简化为以下三类：“企业＋农户”、“合作组织＋农户”、“企业＋合作组织＋农户”。

农民变为土地上的工人(可能凭土地使用权入股而成为股东),企业拥有完全的剩余索取权,实际上就是把外部市场交易内部化为企业内部行政协调的科层体系,表现为股份合作制以及其他完全垂直一体化形式的农业企业。这两类契约的最根本的区别在于后者具有剩余索取权。这一本质的区别导致两类契约在不同的条件下具有不同的成本和收益。因此,我们面临着商品契约和要素契约的选择问题,即在什么条件下适宜采取要素契约,在什么条件下适宜采取商品契约。

在垂直协调体系中,龙头企业所面临的交易成本主要包括公司管理和运行成本,原材料(初级农产品)供应信息的搜寻成本,与供应商(合作组织)或农户的签约成本,原料供应和加工需求之间数量、质量、时机上的协调成本,以及合同纠纷引发的成本等;农业合作组织也面临类似的交易成本,包括组织管理和运行成本,与农户和龙头企业的签约成本、农业生产过程中的协调、指导、监督成本等。龙头企业和农业合作组织面临的问题是,如何根据交易关系中的契约特征选择最小化上述成本的治理结构。Satourius 和 Kirsten(2005;2007)在 Jaffee(1995)、Dorward(1999)、Young 和 Hobbs(2002)等人工作的基础上,运用交易成本经济学的分析工具,建立了一个关于治理结构和交易特征的分析框架,从资产专用性程度、交易频率、不确定性三个维度讨论契约形式选择的问题,其中,将不确定性分解为交易方转换成本(Switching Cost)、初级产品的可替代性、契约的持续期、事前可控性(ex ante Control)[①]、

① 事前可控性是指在何种程度上能将全部契约条件和成本在事先确定下来。

事后重要性(ex post Importance)[①]、需要分享的信息量[②]、契约实施的管理方式[③]以及农业—生态条件的重要性[④]。

需要指出的是,事前可控性和事后重要性这两个指标实际上涉及不完全契约理论。在有限理性和机会主义行为倾向的假设之下,经济主体之间要达成完全契约[⑤]是不可能的,即使能够达成,也会由于费用太高而没有效率。Grossman 和 Hart(1986)、Hart 和 Moore(1988)以不完全契约为前提,根据交易双方资产互补性等因素分析产权结构的安排。吴秀敏和林坚(2004)将这一模型应用到农业产业化契约形式选择的分析上,从交易双方的资产生产力和资产互补性出发,给出了商品契约和要素契约适宜的条件。

3.3.2 农业产业化垂直协调的契约安排:一个分析框架

基于已有的研究,结合本书所关注的问题,我们将从资产专用性程度、交易双方资产互补性、交易频率、不确定性、任务属性、农业生产规模经济六大维度的契约特征出发,结合传统交易成本分析中所忽视的信任、契约组织所嵌入的社会制度、文化结构,讨论商品契约(包括“企业+中小农户”、“企业+大户”、“企业+合作组

---

① 事后重要性是指那些实际契约条件在多大程度上只能在契约执行过程中运作和处理的。

② 需要分享的信息量是指农产品加工、销售环节与农产品生产、收割和供应环节需要协调的信息量,比如各环节在时机上如何配合从而降低成本或者不必要的损失。

③ 契约实施的管理方式包括基于法律、双边协调以及科层等方式。

④ 在农业方面的垂直协调体系中,不确定性和农业—生态条件密切相关,如气候、灾害、疾病和产品质量异质性等。

⑤ 完全契约是指能够预测未来一切事件发生、并能够详细规定在这些不确定的事件发生时各方应该采取的行动的契约。显然事前可控性和事后重要性对应于与契约的不完全程度。这一理论分支实际上不同于交易成本经济学(杨瑞龙,2005)。

织＋中小农户”等形式）和要素契约的选择问题。具体结果见表3—3。

表3—3　农业产业化垂直协调的契约安排

契约特征	市场	商品契约			要素契约
	现货市场	企业＋中小农户	企业＋大户	企业＋合作组织＋中小农户	企业垂直一体化
资产专用性	低	较低	较高	较高	高
资产互补性	低	较低	较高	较高	高
交易频率	低	中等	中等	中等	高
不确定性	低	中等	中等	较高	高
转换成本	低	中等	较高	较高	无/高
可替代性	高	较高	较高/中等	中等/较低	很低
持续期	短	短/中等	中等/长	中等/长	很长
事前可控性	高	较高	较低	低	很低
事后重要性	低	较低	较低	较高	很高
分享信息水平	低	中等	中等	较高	很高
契约实施	法律	法律/混合	法律/混合	混合	科层
农业—生态条件	低	较低	较低	较高	高
任务属性					
过程可程序化	高/低	中等/低	中等	低	高
结果可分性	高	较高	较高	较低	低
农业生产规模经济	无	无	较明显	无/较明显	明显

（1）要素契约的决定因素

当某一交易方资产专用性程度很高时，如加工厂商专用加工设备的投资或者专用人力资本投资，且这种投资只针对一种特性的农产品，那么，在有界理性的前提下，容易引发双方的敲竹杠等机会主义行为。尤其是在不确定性程度较高时，如面临高的转换成本、很低的甚至无替代性、合同存续期偏长、事前可控性很低、事后重要性高、信息分享量大、农业生态条件对不确定的影响程度高等，这种机会主义行为更容易滋生，形成规避这种交易成本的契约安排非常关键。因而，当交易双方的资产专用性都较高且资产互补性明显时，也意味着一体化的要素契约这种产权安排是有效率的。同时，频繁的交易在现货市场和商品契约的环境下面临更高的缔约成本，反而可以通过科层体系来降低交易成本；而在农业生产过程中存在明显的规模经济且生产过程的可程序化高以及结果可分性低时，企业和工人之间的信息不对称程度下降，道德风险水平较低，企业对工人的监督与管理成本不高，从而降低了要素契约运行的成本。因此，在上述情况下，规模经济的收益、交易成本的节约、生产效率的提高等使得要素契约成为企业利润最大化的治理结构。通过表3—3可以看到，上述情况从反方向推向极端，则支持现货市场的选择。

(2) 商品契约的决定因素

商品契约所适用的条件介于市场和要素契约之间，我们将之分为“企业＋中小农户”、“合作组织＋大户”[①]、“企业＋合作组织＋中小农户”三类形式[②]，并具体分析这三种形式的适用条件。

从已有的研究来看，主要评价“企业＋中小农户”和“企业＋合作组织＋中小农户”的优劣，并认为后者优于前者(周立群和曹利

---

① 本书关于大户的定义是指从事农业生产经营的大户，有别于周立群和曹利群(2001)所定义的大户，后者从事类似于合作组织的中介、协调工作，实际上是农村经纪人，我们将这种方式归到“企业＋合作组织＋农户”的类型中。

② “合作组织＋中小农户”这一形式和“企业＋合作组织＋中小农户”的运作机制和适用条件是极为类似的，只不过前者合作组织直接面对市场，初级农产品经过简单的包装进入消费市场，后者直接面对加工企业，经过加工后进入消费市场，所以，在此我们只讨论“企业＋合作组织＋农户”这一形式。

群,2001;2002;张兵和胡俊伟,2004;等等)。实际上,合作组织的介入,本身意味着交易层级的增加和交易成本的增加,因此两者契约形式的优劣取决于具体的条件,他们的研究实际上给出了"企业+合作组织+中小农户"这一运作模式的适用条件。"企业+中小农户"这种模式主要表现为,龙头企业与中小农户通过签订具有法律效力的产销合约来确定双方的权利和义务关系,主要涉及农产品的价格、数量,更紧密的契约安排还包括农业生产过程中投入品、技术等方面的规定,农户按合约进行生产,龙头企业按合约进行收购。从我国已有的实践来看,存在严重的违约问题。比如因为信息不对称,过程可程序化程度低,农户可能不按照合同规定的投入和技术进行生产,产生道德风险问题,企业则利用其信息优势进行逆向选择,如引诱农户购买其提供的劣质投入品。同时,面临市场价格波动,由于农业产业化的不确定程度较高,尤其是事前可控性程度较低,造成这类垂直协调契约的不完全性非常突出,为了获取更高的收益或者避免更大的损失,当市场价格高(低)于合同价格时,因契约的不完全性,农户(企业)履约率低。当企业或者农户的资产专用性较高时,机会主义行为导致的违约会带来巨大的交易成本。而在契约不完全性水平较高时,合同纠纷诉诸法律的交易成本很高,甚至难以通过正式诉讼解决;而且,无论是企业面对违约分散的中小农户,还是单个中小农户面对违约企业,诉诸法律的成本都偏高,且执行效果通常不理想。上述问题在一定程度上阻碍了农业产业化的垂直协调进程。因此,如何通过契约治理结构的创新来避免上述问题成为实践和学者研究的重大问题。

中介组织,如农村经纪人或者农业合作组织的引入,为破解上述问题提供了好的思路。因为过程可程序化和结果可分性程度较低，无论企业选择要素契约还是直接与中小农户签订契约，均面临较高的监督成本；在资产专用性程度和资产互补性程度较高的情况下，较高的不确定性水平使企业或者农户面临严重的机会主义行为的威胁。在“企业＋合作组织＋中小农户”的形式下，一般而言，具体的农业生产过程仍由中小农户来完成，可以发挥市场的高能激励作用。合作组织作为中介机构，一方面与加工、销售的企业签订农产品的品种、数量、品质和技术标准，避免了企业与众多农户签约的成本，同时作为众多中小农户联合的委托人，形成较大的规模，在缔约过程中比单个农户更具谈判地位，避免农户利益被盘剥；另一方面，合作组织联结中小农户，将生产任务分解落实到各个农户，并为农户提供生产资料的购买等产前服务和技术服务指导等产中服务，由于合作组织各成员之间情况较为熟悉，并形成了相互监督机制，所以合作组织对农户生产行为的监督成本要低于龙头企业。最后，合作组织在产后负责农产品的集中并交付龙头企业用于加工和销售，企业将货款拨付给合作组织，并由合作组织分发给农户。因为相互了解和监督，农户很难针对合作组织进行机会主义行为，可以保障双方的履约率；同时，基于合作组织的规模和影响力，企业选择机会主义的成本高于针对单个农户。因此，合作组织的引入，会增加一定的运行成本，比如合作组织或者经纪人往往通过收购价和出售价之间的价差，或者通过生产资料购入价和售出价之间的价差获得收益，这实际上是对农户和处于产业链两端企业的利益侵占；另外，作为合作组织，其运作经常受到组织外部成员“搭便车”等机会主义行为的困扰，导致合作组织自身稳定性出现问题。但是，如果面临表3—3第5列所示情况时，这种契约形式安排的收益与成本之差高于要素契约或者“企业＋农户”，成为效率较高的契约安排。

不过，当资产专用性程度和资产互补性水平较低、不确定性水平并不非常突出时，比如原料产品替代性较高、事前可控性较高、分享信息水平量中等以及持续期不长等，结果可分性较高，而又不存在规模经济，企业可以直接和农户签订合约，此时合约的不完全性问题并不突出，面临敲竹杠等机会主义行为的可能性，尤其是危害并不严重，违约后的司法救济成本不高，那么中介组织引入的成本可能大于其收益，所以“企业＋中小农户”可能优于“企业＋合作组织＋中小农户”。而“企业＋中小农户”与“企业＋大户”之间的差异主要来自农业生产过程中是否具有明显的规模经济。如果存在明显的规模经济，中小农户的生产则不具有效率，基于规模经济的大户进入垂直协调体系顺理成章，而且，大户需要一定量的前期专用性投入，倾向于长期利益所得；自身资产专用性程度高于中小农户，机会主义倾向减弱；对于企业和大户合作的违约等引起的诉讼成本低于企业与中小农户的合作。而且，合作组织在解决中小农户中所起的作用对于大户而言，可以通过其自身来实现，没有必要再增加一级机构徒增新成本。所以，在这种情况下，“企业＋大户”成为最优的契约治理结构。

(3) 行业特征与契约安排：一个非正式检验

根据上文，契约特征如资产专用性、交易频率、资产互补性、不确定性等决定着最优契约形式的选择，而这些特征一般和具体的行业紧密相关。不同的行业所需要的投入品不同、生产周期不同、生产技术不同、生产环境要求不同、加工设备不同、市场销售渠道不同等，这些差异直接影响到具体的契约特征。比如传统的大田作物，如一般的水稻、小麦、玉米等农产品，并不存在明显的规模经济优势，产品市场近乎完全竞争，几乎不存在专用性的资产投资，更谈不上资产互补性问题，不确定性问题较轻，因此，通常不需要设计复杂的垂直协调契约，通过现货市场就能实现交易成本的最小化。而对于橡胶等热带经济作物而言，农业生产过程中规模经济明显，资产专用性和互补性非常高，面临的不确定性很大，结果可分性较低，因此，通过企业垂直一体化，采取要素契约方式可能更为合适。而对于水果、蔬菜、烟叶等作物而言，其各项特征介于两者之间，倾向于商品契约方式，而涉及具体应该何种形式的商品契约方式也在很大程度上取决于行业的特征。比如，对于一些规模经济比较明显的行业，如肉鸡、生猪养殖、果树种植等，可能倾向于选择“企业＋大户”；对于一些规模经济可能并不明显，但资产专用性程度较高、不确定性程度较高且过程可程序化程度较低、信息不对称程度较高的行业而言，如有机蔬菜、种子生产等行业，可能需要合作组织等中介组织的介入。对于一些农户劳动监督成本偏高但资产专用性和资产互补性较低、替代性较高且并无明显规模经济的行业来说，如普通烟叶，合作组织的介入未必能够降低交易成本，“企业＋中小农户”的方式可能是最优的。

部分经验研究也支持这种观点。尹云松等(2003)对安徽部分地区的案例分析表明，“企业＋中小农户”和“企业＋合作组织＋中小农户”两种形式的契约安排在大米行业遭到失败；杞柳(柳编工业品的原材料)、席草(用于编制草席)行业选择了“企业＋中小农户/大户”这类契约模式，运行较为稳定；肉鸡行业则通过“企业＋大户”的契约运作模式取得了较高的绩效。表3—4显示了Benfica et al.(2002)关于莫桑比克部分农业行业垂直协调契约形式分布的数据，现实的数据基本上和理论预测的结果相一致。表3—5

是 Swinnen 和 Maertens(2007)引自 Dirven(1996)关于南美部分国家在部分农业行业垂直协调过程中选择的契约形式，可以看出，糖、出口型的蔬菜水果、西红柿等行业的契约形式更为紧密，并出现要素契约型的垂直一体化；烟草和肉鸡行业的契约紧密度次之，涉及技术、信用支持和投入品的规定；而芝麻、大米、乳业等行业的契约形式较为宽松，主要采取以约定价格和数量为主的简单订单形式。表 3—6 是我国部分农业行业产业化项目的契约安排，也支持了这一观点。所以，具体的农业行业特征在一定程度上决定了契约形式的安排，在讨论最优契约安排(治理结构)时，行业特征是需要首先考虑的因素，不同的行业对应着不同的最优契约安排。

表 3—4 莫桑比克部分行业农业产业化项目的契约形式分布(单位：%)

契约形式	玉米	油籽	糖	茶	棉花	烟叶	腰果	水果
现货市场	91	76	33	12	7	33	100	100
订单	0	18	0	25	93	34	0	0
种植园	9	6	67	63	0	33	0	0
合计	100	100	100	100	100	100	100	100
理论预测	现货市场	现货市场	种植园	——	订单	——	——	——

资料来源：Benfica et al.(2002)。

表 3—5 南美部分国家农业行业垂直协调的契约形式

行业/国家	目的地	商品契约					垂直一体化
		市场[①]	技术支持	信用	投入品	管理	
西红柿							
尼加拉瓜	国内	√					

① 此处的市场并不是指现货市场，而是指约定价格和产量的订单式农业，只不过没有涉及技术支持等其他更紧密的契约安排。

续表

巴拉圭	国内						√
厄瓜多尔	国内						√
墨西哥	国内	√					√
秘鲁	国内						
蔬菜和水果							
圭亚那	国内	√					
厄瓜多尔	国内	√					
特立尼达多巴哥	国内	√					
墨西哥	出口	√	√	√	√	√	√
危地马拉	出口	√	√	√	√	√	√
萨尔瓦多	出口	√	√	√	√		
秘鲁	出口	√					√
鸡							
特立尼达多巴哥	国内	√	√	√	√		√
牙买加	国内	√		√			
烟叶							
智利	na	√	√	√	√		
危地马拉	na	√	√	√	√		
糖							
尼加拉瓜	国内/出口	√	√		√		√
危地马拉	国内/出口						√
芝麻							
尼加拉瓜	出口	√		√			
危地马拉	出口	√					
萨尔瓦多	出口						
啤酒大麦							
智利	国内	√	√		√		
秘鲁	国内	√		√	√		
大米							
特立尼达多巴哥	国内	√	√		√		

续表

巴拉圭	na	√		√	
多米尼加	na	√			
乳业					
特立尼达多巴哥	国内	√	√		√
牙买加	国内	√			
厄瓜多尔	国内	√			

资料来源:Swinnen 和 Maertens(2007)。

表 3—6 我国部分农业行业产业化垂直协调的契约安排

行业	商品契约			大农场	垂直一体化
	企业+农户	企业+中介组织+农户	中介组织+农户		
稻米	√	√	√		
小麦	√	√			
天然彩棉	√			√	
番茄		√		√	√
茶叶		√			√
甘蔗	√				√
茧丝绸	√		√		√

资料来源:根据《农业产业化发展报告(初审稿)》(农业产业化发展报告编委会编)的相关内容整理而得。

(4) 信任与关系型社会

任何一种具体的契约安排都嵌入到一定的社会、政治、法律和文化结构中,这些结构直接影响着经济主体的行为选择进而组织和制度选择,交易成本一定程度上内生于上述结构。比如,缺乏较强的公共基础设施和法律基础,交易成本会因为政治体系的不稳定而上升(Benfica et al.,2002),从而影响契约形式的选择,可能使契约安排倾向于现货市场和垂直一体化两个极端。信任也是影响交易成本的关键因素。如果忽视信任问题，传统的交易成本经济学难以预测正确的治理形式(Ring and van den Ven，1992；1994)。在信息不对称程度以及不确定性程度较高的情况下，较高的社会诚信水平有助于减少机会主义行为，减少交易方监管、控制以及预防性措施的制定和实施，从而降低商品契约中的交易成本，有利于更具弹性的契约安排。比较而言，垂直一体化的刚性契约安排可能会产生更高的成本(Satourius and Kirsten，2006)。不过，如果社会信任水平整体偏低的话，更加紧密的契约安排，比如垂直一体化可能更受青睐。

信任在不同交易主体之间的分布是不平衡的，如果信任分布较为平衡，通常表现为一个法治化较强的社会，而信任分布不平衡程度较高的社会则表现为关系型社会。这种不平衡的分布将直接影响契约形式决定主体的治理结构选择。中国农村社会是典型的关系型社会，表现为以"己"为中心，以家庭为核心和基本单位，以血缘、亲缘和地缘为纽带，由近及远的差序格局(费孝通，2005)。主体间社会交往和经济交易频率的分布如石头投入水中后"水的波纹一般，一圈圈推出去，愈推愈远，也愈推愈薄"，关系越紧密的主体间交易频率越高，不同交易之间相互捆绑，对于交易双方而言，很难做到在不同事情上分别计算得失。而且，在关系型的差序结构中，关系紧密团体在长期博弈中形成了对声誉的要求，一旦在这一团体内失去信任，该主体很难在团体内进行经济交易，损失也高于一次机会主义行为所得。而对于交往频率较低的主体，尤其是在处于同心圈层外围的主体而言，声誉问题似乎并不重要，其机会主义行为很少受到同心圈核心层的制裁，甚至"同仇敌忾"。因此，信任的分布，也如石头投入水中后"水的波纹一般，一圈圈推出去，愈推愈远，也愈推愈薄"。

这种信任的分布，有助于降低因为紧密血缘、亲缘、地缘相联的行为主体之间的交易成本，但是提高了这些关系之外的主体间交易成本。这样，在农业产业化垂直协调的契约安排方面，合作组织在不确定程度和信息不对称程度较高情况下的作用凸现。合作组织通常是同一村、组农户的自愿组合，相互之间的信任程度高，能够对分散农户的机会主义行为进行监督和约束，而且这种信任有助于避免"搭便车"等问题。[①] 那么，一些因为不确定程度和信息不对称程度偏高而导致"企业＋中小农户"契约安排失效而不得不依赖于垂直一体化的要素契约来解决的问题，可以通过"企业＋合作组织＋农户"来解决，避免了农户的机会主义威胁和垂直一体化所带来的科层管理成本与市场高能激励机制的丧失。因此，农村关系型社会的信任分布提高了"企业＋合作组织＋中小农户"契约的适用范围，缩小了"企业＋中小农户"和要素契约的适用范围。

3.3.3 小结

综上所述，契约形式的选择主体会选择最小化其交易成本和生产成本的治理结构。通过对交易成本经济学以及关于农业产业化垂直协调契约治理结构的已有研究回顾，我们从资产专用性程度、交易双方资产互补性、交易频率、不确定性、任务属性、农业生产规模经济六大维度的契约特征出发讨论了现货市场、"企业＋中小农户"、"企业＋大户"、"企业＋合作组织＋中小农户"以及要素契约等契约安排的适用条件。已有的经验研究表明，行业特征和

① 合作组织范围内各成员间的相互信任是合作组织的成功重要条件(Bonus, 1999)。

契约特征密切相关,经济制度①、信任水平及分布、社会结构等也影响交易成本。所以,对于农业产业化垂直协调的契约安排而言,我们应该从行业、社会、经济、政治、文化等多方面来考虑,而不能一概否定其他地区、其他行业失败的契约形式,也不能简单的套用、复制其他地区、其他行业成功的契约形式。

3.4 农地流转和农业产业化垂直协调的契约安排

农业产业化项目,尤其是农业生产环节,是土地使用密集型的项目,因此,农地制度的安排包括农地的产权、使用权、收益权的设定以及农地的初始分配和流转状况,都可能会影响农户、龙头企业等参与农业产业化垂直协调的各方主体的交易成本,从而影响垂直协调的契约安排。同时,不同的契约安排,会对农地的产权、使用权、收益权的归属形成不同的要求,进而影响农地的流转状况。因此,农地制度以及农地流转在农业产业化垂直协调过程中发挥重要的作用。本节是理论部分的核心,我们首先简要回顾中华人民共和国成立后农地制度的变迁,然后结合中国的实际情况梳理农业产业化和农地流转之间相互影响和相互制约的关系。

3.4.1 新中国成立后农地制度的变迁

对于本书而言,在分析农地制度对农业产业化契约选择和发

① 如土地制度会对土地使用密集型的农业产业化的契约安排产生影响,鉴于这一问题与本书主题密切相关,我们将在下一节详细展开。

展的影响之前，对中国农地制度的变迁做一个简要的回顾，是非常必要的。这种独有的农地制度及其变迁深刻影响着农业产业化垂直协调过程中交易成本的形成和变化。总的来说，新中国成立后中国农地制度大致经历了土地改革、合作社、人民公社和家庭联产承包责任制这样四个时期。

新中国成立前中国实行的是以地主土地所有制为主体的土地产权制度，新中国成立后不久在中共中央七届三中全会上提出的《中华人民共和国土地改革法》(1950)，废除了地主阶级封建剥削的土地所有制，实行农民的土地所有制。在这一土地改革时期，除了部分划归国有的土地之外，农地土地产权制度以农民土地所有制为基础，农民拥有包括土地的所有权、使用权和收益权在内的独立完整的土地产权(赵阳，2007)。

农民土地所有制在发展过程中很快出现了两极分化的现象，也难以满足重化工业优先发展战略下形成的高度计划体制的要求，1951 年中央下发了《关于农业生产互助合作的决议》(草案)，提出"简单的互助组"、"长年的互助组"和土地合作社(以土地入股为特点的农业生产合作社)。对于互助组而言，土地产权制度并没有发生本质性的变化，而在土地合作社中，农民依然占有土地所有权，但土地的使用权和收益权归合作社集体使用和分配，实际上，土地所有权在一定程度上被虚化了(赵阳，2007)。到 1956 年，全国参加农业生产合作社的农户达到 96.3%，其中参加高级社的农户达到 88%，中国农业合作化基本完成(田传浩，2005)。根据 1956 年中央发布的《高级农业生产合作社示范章程》规定，入社农户须将私有土地、耕畜、大型农具等生产资料转为合作社集体所有，以不超过当地每人平均土地数 5%的土地分配给每个社员作为自留地，尽管也规定了社员具有退社权，可以收回其土地，但是社员身份往往和社会、政治地位相关联，实质上无法退出，因此，农地所有权不仅实质上而且从名义上也集体化了。

高级社进一步发展成为人民公社，到1958年年底，全国有99.1%农户参加了人民公社(张乐天，1998)。人民公社一般以乡为单位，一乡一社，原先属于高级社的土地以及农民的自留地全部无偿转为人民公社所有，以家庭为基本核算单位的农业生产体系被一大二公、一平二调的体系所取代。但是这种体制的弊端很快显现，1959—1961年的农业危机之后，经过1961年和1962年的两次调整，生产队(规模上对应于原先的初级社)成为基本核算单位，土地所有权下放到生产队，农民重新分得自留地。不过到1966年文化大革命开始后，自留地的所有权被重新收回到集体手中。生产队拥有土地的所有权、使用权和收益权，即完整的土地产权。

十一届三中全会之后，1979年凤阳小岗村冒着极大的政治风险进行了“包产到户”，取得明显的生产绩效，并逐步得到各级政府的认可。1980年中共中央下发了《关于进一步加强和完善农业生产责任制的几个问题》的通知，对包产到户做出了明确的肯定。到1981年年底，全国90%以上的生产队建立了不同形式的农业生产责任制(赵阳，2007)。1982年的一号文件《全国农村工作会议纪要》对农村土地制度的争论做了较为清晰的界定，农地土地的所有权归于农民集体所有，在产权体系中分离出承包经营权，农户享有承包经营权和相应的收益权，但是不得转让、出租、转包土地。1984年的一号文件规定农户的承包期为15年，进一步稳定农户的承包经营权，并允许承包土地流转。随着15年承包期结束期的临近，1993年《关于当前农业和农村经济发展的若干政策措施》要求在原定的承包期到期后，再延长 30 年不变，1998 年颁布的《土地管理法》将土地承包期 30 年不变的政策以法律的形式加以保障，2002 年的《中华人民共和国农村土地承包法》对农户土地承包的权益做了更为详细和清楚的界定。2008 年的十七届三中全会提出的《中共中央关于推进农村改革发展若干重大问题的决定》规定："以家庭承包经营为基础、统分结合的双层经营体制，是适应社会主义市场经济体制、符合农业生产特点的农村基本经营制度，是党的农村政策的基石，必须毫不动摇地坚持"，并指出"赋予农民更加充分而有保障的土地承包经营权，现有土地承包关系要保持稳定并长久不变"。应该说，改革开放以来，中国农户的土地承包经营权无论在期限上还是具体权益上都得到不断的强化，但是农地所有权归集体所有的底线也一直没有突破。根据我们在文献综述部分的论证，在平等和效率、发展和稳定的权衡下，坚持农地的集体所有制，同时强化承包权的稳定性和长期性是在相关约束机制下的最优的农地产权结构。我们下文的分析也将在这一产权结构下展开。

家庭联产承包责任制实施后，在这一土地产权结构下，土地在集体内部均分，出于平等的需求，往往根据地块的肥沃程度、距离远近进行分块，好坏搭配均分给农户，在我国地少（耕地少）人多（农民多）的国情下，这种初始分配方式直接导致农户承包地的细碎化程度很高，耕作成本高，且很难满足农业产业化项目对生产规模最基本的要求。由于农地所有权归集体，因此，能够流转的只有土地承包经营权，包含使用权以及相应的收益权，这是和绝大多数土地私有制国家最大的不同。从 1984 年的一号文件开始，土地承包经营权的流转得到允许，随着非农产业的发展和非农收入的增长，传统粮食作物种植收入占农户的收入比重逐渐下降，工资性等非农收入比重上升，在农民的收入结构中，工资比重从1990年的14%上升到2007年的28%[①]，农民对农地的依赖逐渐减弱，土地承包经营权的流转逐渐发展起来，各地区也尝试各种土地制度创新，如山东平度等地的两田制、广东和江苏等地的土地股份合作制、宁夏平罗的土地信用合作社以及返租倒包等集体推动型的农地流转制度创新以及农户之间以转包、转让、互换、代耕为形式的农地流转。这些创新一方面解放了部分从事非农活动的劳动力，促进了农地的规模经营，有助于农业生产效率的提高；另一方面却因为制度欠缺导致流转形式不规范、流转纠纷和矛盾频发等问题，甚至出现地方政府、农村集体粗暴干涉农户土地承包经营权的行为，而且农地流转市场也长期处于发育期，没有很好地发展起来。为了解决上述问题，促进农地流转规范有序进行，2001年中共中央发布了《关于做好农户承包地使用权流转工作的通知》，明确了农户承包土地使用权流转的前提是“长期稳定家庭承包经营制度”，并确定了“依法、自愿、有偿”的原则，农户是土地流转的主体，土地流转的收益属于农户土地收益的组成部分，并对当时的两田制、返租倒包等土地流转形式“喊停”。十七届三中全会进一步指出，要求通过加强管理和服务，“建立健全强化土地承包经营权流转市场”，强调“依法、自愿、有偿”的原则，对土地承包经营权流转的基本前提做了进一步的明确，包括“不得改变土地集体所有性质，不得改变土地用途，不得损害农民土地承包权益”，并列举了各种土地承包经营权的流转方式，如“转包、出租、互换、转让、股份合作”，发展多种形式的适度规模经营，指出有条件的地区“发展专业

① 根据中经网统计数据库数据计算而得。

大户、家庭农场、农民专业合作社等规模经营主体”。

因此,就目前中国的农地制度而言,产权结构改革的空间基本上不存在,而土地承包经营权流转市场的培育、发展和流转制度的创新将是当前农地制度改革和创新的核心领域。在下文关于农地制度和农业产业化垂直协调间关系的讨论中,我们以土地承包经营权流转为核心进行研究。

3.4.2 农地流转与农业产业化垂直协调的契约安排

农业产业化垂直协调的契约安排是嵌入在一定的社会、经济和文化结构中,作为与农业产业化密切相关的农地制度也将影响交易各方的交易成本,进而影响契约形式的安排。同时,农地流转自身存在交易成本,不同于绝大多数国家的农地私有制,农地产权完整,交易主体只有农地所有人,在中国“共有私用”(赵阳,2007)的农地产权结构下,交易主体较为复杂,涉及农地所有人——农村集体经济组织和农地承包经营人——农户两个主体;而且,因为较高的土地零碎化水平,农地流转往往涉及多个农户。因此,中国农地流转的交易成本不容忽视,这将直接影响契约形式的安排,甚至直接影响到农业行业的选择。

(1) 农地流转是农业产业化的前提

我国农地细碎化程度偏高,从图 3—2 来看,1986 年全国平均每户农民家庭拥有 8.43 块耕地,西部地区地块数更高,达到12.04块,中部地区次之,东部最少,也达到 6.65 块。尽管从时间趋势上来看,地块数逐渐下降,到 1999 年,全国平均每户农民家庭拥有6.06 块,各地区也有一定幅度的下降,但是,从图 3—3 来看,平均每户农民块均耕地面积上升幅度不大,全国的平均水平从 1.09

亩/块增加到 1.29 亩/块,中部地区的水平高于东部地区,西部地区的水平基本上没有提高,且块均耕地面积最低。表 3—7 更直观地体现了地块面积的分布。在 1986 年,全国 51%以上的地块面积小于 0.5 亩,不到 14%的地块面积大于 2 亩;到 1999 年,0.5 亩以下的地块依然居于主导地位,比重虽略有下降但仍在 49%左右,而 2 亩以上的地块比重则略有上升,但仍未达到 15%。从 1993 和 1999 年的比较来看,东部地区土地细碎化程度下降幅度高于其他地区,西部地区基本上没有变化,不过中部地区的细碎化程度相对而言最低。总之,我国农地细碎化程度是比较严重的。

农业产业化项目往往对农业产品的特征具有特殊的要求,而这种特殊性一般形成于农业产品生产期,包括投入品的品质和使用方法以及具体的耕种/养殖过程,基于细碎地块的经营,不能满足投入品使用所必需的规模经济,增加了生产成本①,限制了农户生产的专业化和商品化,不利于农户参与商品契约;其次,在目前中国城乡二元经济体制下,农产品市场波动频繁,农户为避免市场价格波动风险,利用零碎化的土地,追求保险的兼业经营,既妨碍了农户生产的专业化,又进一步固化甚至提高耕地零碎化的程度,也无法形成区域化优势和品牌优势,从而进入一个恶性循环;此外,细碎化地块的经营,尤其是当过程可程序化程度和结果可分性

---

① 关于农地经营没有规模经济的观点通常认为,农户通过充裕的劳动对土地、资本和技术的替代,从而降低总成本。如 Tan、Heerink、Kruseman 和 Qu(2008)关于中国的经验研究发现,经营地块大小和地块数量的分布并不影响单位产值的总成本,只是影响成本的具体构成,规模小的农户倾向用劳动投入替代资本和技术投入。在农业产业化的垂直协调过程中,由于投入品和生产技术的特殊规定,在农产品种植/养殖过程中,农户很难用劳动力替代资本、技术等投入,而资本、技术投入往往偏向于规模经济,因此,土地规模经营的重要性便凸现出来。

较低时，也增加了下游厂商对农产品生产过程的监督成本。因此，细碎化程度较高的农地承包经营权的分布，实际上提高了农业产业化垂直协调下游厂商的交易成本，一定程度上限制了农业产业化活动的开展和发展。所以，如何通过农地流转降低土地细碎化程度是进行农业产业化活动的前提之一，尤其是形成适度规模经营的连片地块，将有助于降低农业产业化垂直协调的交易成本。

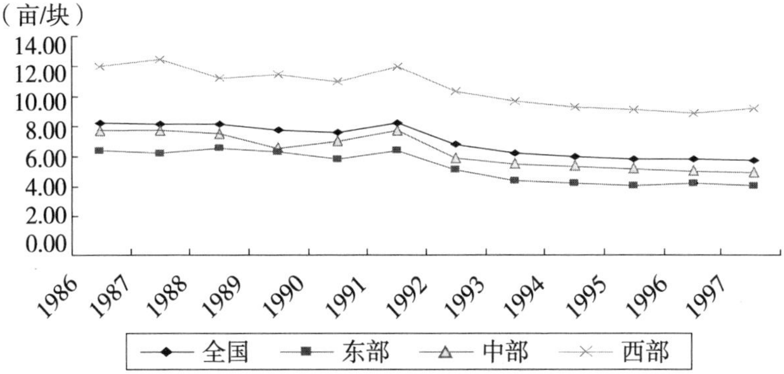

图 3—2　平均每户耕地地块数

资料来源：《全国农村社会经济典型调查数据汇编 1986—1999》。

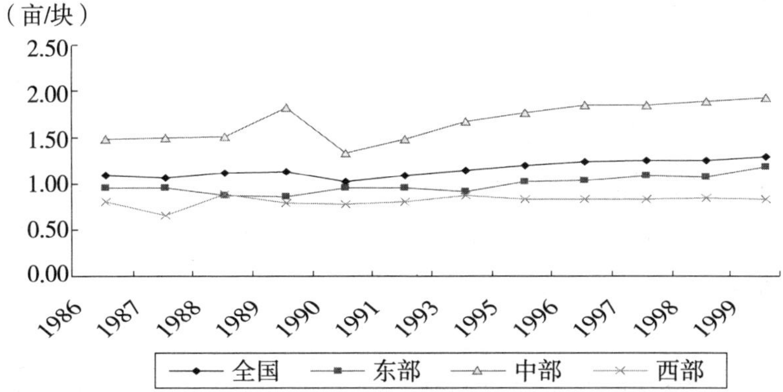

图 3—3　平均每户块均耕地面积

资料来源：《全国农村社会经济典型调查数据汇编 1986—1999》。

表 3—7　平均每户地块在面积上的分布(单位:块/%)

年份	1993				1999			
地区	全国	东部	中部	西部	全国	东部	中部	西部
不足 0.5	3.62	2.86	2.65	6.01	2.96	1.97	2.23	5.37
比重	*51.35*	*52.57*	*42.74*	*57.57*	*48.84*	*44.27*	*42.00*	*57.37*
0.5—1.0	1.41	1.15	1.35	1.86	1.29	1.04	1.14	1.86
比重	*20.00*	*21.14*	*21.77*	*17.82*	*21.29*	*23.37*	*21.47*	*19.87*
1.0—2.0	1.06	0.80	1.00	1.51	0.92	0.79	0.84	1.21
比重	*15.04*	*14.71*	*16.13*	*14.46*	*15.18*	*17.75*	*15.82*	*12.93*
2.0—3.0	0.43	0.36	0.43	0.53	0.37	0.35	0.35	0.43
比重	*6.10*	*6.62*	*6.94*	*5.08*	*6.11*	*7.87*	*6.59*	*4.59*
3.0—4.0	0.20	0.15	0.23	0.22	0.19	0.15	0.20	0.23
比重	*2.84*	*2.76*	*3.71*	*2.11*	*3.14*	*3.37*	*3.77*	*2.46*
4.0—5.0	0.12	0.06	0.16	0.13	0.12	0.06	0.16	0.13
比重	*1.70*	*1.10*	*2.58*	*1.25*	*1.98*	*1.35*	*3.01*	*1.39*
5 以上	0.22	0.07	0.39	0.18	0.21	0.09	0.39	0.13
比重	*3.12*	*1.29*	*6.29*	*1.72*	*3.47*	*2.02*	*7.34*	*1.39*
合计	7.05	5.44	6.20	10.44	6.06	4.45	5.31	9.36

资料来源:《全国农村社会经济典型调查数据汇编 1986—1999》。

由于中国农地产权体系被分割为所有权和承包经营权两个子体系,后者还包括使用权与收益权①,因此,在实际工作中,农地流转涉及村集体经济组织和承包农户两个主体,相应地,农地流转方式主要有村集体主导型、个体农户主导型和中介组织介入型三种方式。

① 自农村税费取消以后,在不改变土地性质和农业用途的前提下,农地收益权实际上已经归农户所有,作为土地所有人——村集体经济组织在农村税费取消后基本上完全丧失了农用地的收益权。

(2) 个体农户主导型农地流转方式与垂直协调契约安排

个体农户主导型农地流转主要包括农户之间的转包、转让、互换等方式（田传浩，2005）。[①] 个体农户主导型农地流转是农户之间的自发交易，充分尊重了农户的自身意愿且体现市场经济的基本精神，体现了农户在农地流转中的主导地位。通过这种流转方式，农业经营农户可以在一定程度上降低其地块细碎化程度，提高地块单位面积，达到农业产业化项目所要求最低的规模。

但是，从目前的实践来看，部分个体农户主导型农地流转缺乏规范的合同，很多是口头协议。根据叶剑平等（2006）的研究，有86％的农户在转出土地时没有签订书面合同，容易引发纠纷，当经济衰退或者农业收入提高时，部分外出就业农业劳动力回乡要求收回流出土地，而流入户因为前期的投入而不愿意归还，由于缺乏规范的合同，难以达成双方均满意的结果。其次，流转期限较短，基本上在1—3年。根据叶剑平等（2006）的调研，有46％的农户转出农地没有约定期限，27％的农户约定的期限在1年以内，10年以上的不到6％，农地流入户难以形成稳定的预期以进行跨期投资，尤其是随着经济社会的发展，农产品的一些特殊性质以及安全、环保的要求不断提高，缺乏长期投资的农业生产难以满足这些要求。第三，农户之间的农地流转目前主要集中在亲戚、邻居之间，限于熟人社会。根据叶剑平等（2006）的样本，在转出的农地

① 转包指农户承包人仍然保留对农地的承包权，将一定年限的农地使用权转让给其他农户，一般期限较短，以口头契约为主；转让是指承包权的流转，与转包相比，其期限一般与农地承包剩余期限相同，期限较长，一般需要签订合约并经村集体同意；互换一般指相邻农地的农户为了解决耕地细碎化和分散化的问题相互协商，对各自承包经营的农地进行交换，提高地块单位面积，减少地块数。

中，87.6%的农地转包给本村的亲戚或其他村民，而这个核心圈层以外的主体，比如龙头企业或者外地大户的进入可能面临较高的交易成本。比如，在农地承包经营权流转市场尚未建立和完善的前提下，龙头企业/大户需要支付较高的搜寻成本获取农户的流转意愿、农地的肥力等性状；为了形成适度的规模经营，在土地细碎化程度较高的情况下，龙头企业/大户需要面对很多中小农户，如果同时与各个农户谈判，将面临很高的缔约成本，而农户又会因为“搭便车”等机会主义行为使得农户之间的集体行动失效；还有，个别农户可能在龙头企业/大户与大多数农户完成谈判之后或者完成投资之后，利用其地缘优势，采取敲竹杠等机会主义行为；同时，农户也担心龙头企业/大户因为经营不善而不能履约。所以，上述交易成本的存在，使得个体农户主导型农地流转难以形成适度规模，主要适用于“企业＋中小农户”或者“合作组织＋中小农户”这类垂直协调的契约形式。这对农业产业化行业的选择形成了约束，比如存在明显规模经济的行业或者一定要求土地连片的行业，在以个体农户主导型农地流转方式为主的地区难以发展。

(3) 村集体主导型农地流转与垂直协调契约安排

村集体主导型农地流转是指村集体组织（通常为村委会）作为农地流转的主体①，这种形式也包括地方政府主导型，但是地方政府在作用过程中依赖于村委会等村集体组织。具体而言，这种类

① 本书定义的村集体主导型农地流转方式不同于田传浩(2005)所定义的集体供给型农地流转方式，前者强调的是村集体组织凭借其所有者的身份成为土地流转过程中最重要的主体，而后者除了村集体主导型之外，还包含了村集体作为中介身份参与流转的形式。村集体成为中介，但是农户才在流转中起主导地位。这种主导地位的差异，将会造成农户自主性、土地流转规模等方面的差异，我们将在下文讨论这一问题。

型一般有两种方式：一种方式是村集体组织把在土地初始分配时通过预留的机动地使用权以协议、招标或拍卖等方式转让给大户或者龙头企业，如四荒地拍卖和两田制，其中，两田制后来被取消了（田传浩，2005）；另一种方式是村集体组织通过返租、入股、土地置换等方式将农户分散承包经营的土地集中，直接或者经过平整、修建大棚之后出租给大户或者龙头企业，收取租金后，再通过租金、分红等形式发给农户，比如返租倒包、村集体股份制[①]等形式。

相对于个体农户主导型农地流转而言，首先，村集体主导型能够降低土地承包经营权流转市场的交易成本。在中国，村集体（村委会）实际上是政府机构治理在农村的延伸，而且作为土地的所有者，具有一定权威和组织协调能力。对于一般的市场主体而言，村集体能够以相对低的交易成本集中土地使用权，比如对于不愿流转的农户，可以采取换地的方式，或者利用其他关联交易来诱导甚至迫使其参与流转，而这些是一般的市场主体所不具备的能力。而且，农户在土地性状等方面之于外来龙头企业/大户的信息优势，对于村集体而言是不存在的；而与中小农户相比，村集体和龙头企业/大户之间的规模不对称和信息不对称程度将下降，降低了交易双方的信息搜寻成本，并且避免了龙头企业/大户面临多个农户重复协商、签约的成本。所以，交易成本的下降促进了农地流转规模的扩张，可以形成较大规模的连片农地。其次，村集体主导型农地流转的期限一般较长，通常在 3 年以上，并有规范的合同文本。一方面，期限的延长有利于促进租地方的资本、技术投入，包

① 返租倒包是指村集体（村委会）将分配到户的农地重新租赁回来，付给农户租金，并转包给大户或者龙头企业。村集体股份制是指村委会将分配到户的农地使用权回收，成立股份制经济组织，农户根据其入股地块面积获得分红。

括对农地改良等基础设施投入；另一方面，规范的文本合同可以避免口头协议产生的纠纷，而且，村集体的权威身份可以在农地流转矛盾的化解过程中发挥重要作用，村集体及其上级政府的介入，将增加农户和龙头企业/大户机会主义行为的成本，降低违约的可能性。所以，村集体主导型农地流转可以形成较大规模、较长期限且有保障的土地使用权的集中，可以满足要素契约型、"龙头企业＋大户"等形式的农业产业化垂直协调契约安排的要求。最后，村集体主导型农地流转，相对于个体农户主导型而言，可以在一定程度上增加村级经济收入，有助于农村公共品的提供。

在我国当前"共有私用"的土地产权结构下，作为土地所有权人，村集体作为农地流转主体具有一定的合理性，但是，从产权中分离出来的承包经营权天然属于农户，而且，从我国目前的实践来看，承包经营权包含了使用权和全部的收益权，并保证了 30 年以上的"长久"期限，因此，所有权在一定程度上被弱化了，村集体作为农地流转主体的合理性一定要建立在村集体与农户利益基本一致的前提上。显然，当两类不同主体之间的利益难以达成完全一致时，村集体主导型农地流转往往利用其所有权人身份，侵害农户的家庭承包经营权，如部分村集体不顾村民反对，强行实行两田制，压缩口粮田份额，剥夺农户的家庭承包经营权，与农民争利，这是导致两田制这一形式被中央政府叫停最直接的原因。所以，上述问题是村集体主导型农地流转最大的弊端。

村集体以及地方政府存在经济发展的冲动，往往试图改变农村传统的生产方式，调节农村产业结构，促进农业向集约化、专业化、科技化、高效化方向发展，基于农地规模经营的农业产业化成为首选目标，容易出成绩、出政绩，这也是为什么村集体主导型一直是地方政府所青睐的农地流转方式。但是，这一目标并不一定与所有农户的目标是一致的，当然，如果这一目标的实现是一个帕累托效率改进，那么可以通过再分配的方式补偿利益受损的农户。因此，村集体的行为能够促进帕累托效率改进成为根本前提。但是，村集体或政府的有限理性并不能保证其行为选择必然产生帕累托效率改进，这种产业化失败的案例、产业结构调整失败的案例充斥着中国农业现代化的进程。而失败的后果往往是由农户承担的，比如改变品种之后的各种投入损失、农地流转之后的机会成本等，而村集体以及政府官员的收入一般与之毫不相关。因此，在村集体主导型农地流转过程中，为了使土地使用权的集中，村集体领导人、地方政府可能凭借其权威地位通过强制性力量强行将农户所承包土地回收，无法保障农户的帕累托效率改进，也难以体现农户的自愿性。上述讨论还是假设政府是仁慈的，如果将经济人的假设引入到政府或者村集体领导人上，那么有可能出现村集体出于私人利益与龙头企业/大户合谋占有原先属于农户的利益，那么，即使实现帕累托效率增进，也无法实现农户的效用增进。另外，出于形象工程、政绩工程的需要，或者便于村集体（村委会）在农地事务中获取更多的控制权，在部分地区还存在农地规模过度集中的情况，但缺乏有效益的农业产业化项目支撑。村集体主导型农地流转的上述弊端导致其在实践中出现不少侵害农民利益的案例。所以，虽然地方政府一般倾向于选择这一形式，而中央政府却对这一形式的农地流转长期持否定态度。

（4）中介组织的介入和垂直协调安排

根据上文的分析，个体农户主导型和村集体主导型这两种农地流转形式具有明显的优势互补性。一种思路是将上述两种类型的农地流转加以组合，既能充分发挥个体农户主导型农地流转在对农户自主性的尊重、充分保障农户的利益等方面的优势；又能发挥村集体主导型农地流转在实现稳定的适度规模经营中的作用。这种组合有赖于中介组织的介入。从目前的实践来看，由于农地流转价格偏低，一个完全独立市场化的中介组织很难依赖农地流转获利，为了节约交易过程中的成本，农地流转的中介组织主要有两类：一类是基于农业生产合作组织形成的，如专业合作社、农村经纪人，从这些已有组织中派生出农地流转功能；另一类是基于村集体或地方政府机构形成的，如农地信用合作社、土地信托中心①等形式，地方政府通过地方财政投入或者补贴来实现农地流转中介组织的运行。

与前两种农地流转形式比较而言，中介组织介入型农地流转的优势表现在以下两个方面。一方面，在坚持农户在农地流转中的主导地位、坚持农户自愿性的前提下，可以克服农户主导型农地流转的一些缺陷。首先，中介组织介入之后，龙头企业/大户的交易对象变为中介组织，避免了和多农户直接交易，减少交易次数，降低交易成本。其次，中介组织的介入，一般都有规范的书面合同，可以在一定程度上保障农地流入方和流出方所约定的权利和义务的实施。中介组织之所以能介入到农地流转中，因其一般都能获得农户的信任，这些组织有些是由农户自己组织而成的，如生

① 农地信用合作社是指以村集体为载体建立土地信用合作社，农户将已承包的农地“存入”信用合作社，获取“存地利息”，合作社将土地使用权“贷给”龙头企业/大户，收取“贷地利息”，利息差额归农地信用合作社（程志强，2008）。土地信托中心是指土地信托服务组织接受土地承包者的委托，在坚持土地所有权和承包权不变的前提下，按照土地使用权市场化要求，将其拥有的土地使用权在一定期限内依法、有偿转让给其他单位或个人的行为（田传浩，2005）。

产合作社，特别是在中国农村差序格局明显的情况下，基于紧密血缘、亲缘、地缘相联的主体形成的合作社担任中介组织，可以在很大程度上降低个别农户机会主义行为的发生概率，因为，个别农户这种失信行为会导致其在其他以及今后长期的交易中丧失更多的利益，即机会主义的成本明显上升；有些中介组织则由村委会或者地方政府的机构来担当，这些组织具有权威性，一方面可以增进农户的信任感，另一方面对农户的机会主义行为也会形成可置信的惩罚。第三，中介组织的介入可以降低信息不对称程度，农户对地块等方面的私人信息优势对于中介组织而言几乎不存在；而中介组织凭借其规模上的优势，可以用较低的户均成本获取必要的市场等方面的信息，从而也降低了龙头企业/大户之于农户的信息优势，而且，中介组织规模上的优势可以提高谈判地位，从而有效降低龙头企业/大户机会主义行为发生的可能性。

另一方面，这种形式避免了村集体主导型的缺陷，因为它的运作是严格以农户家庭承包经营为根本的制度基础，充分尊重中国已有关于农地的法律和文件的规定。实践中村集体主导型农地流转失败的最重要的原因就是对家庭承包经营权的侵害，即为所谓的集体利益侵害农户个人的合法权益，而中介组织介入型农地流转充分尊重农户的家庭承包经营权，能够在制度上保障农户自愿性。农户的自愿建立在其收益和机会成本之比之上，只有前者高于后者时，农户才愿意流转。中介组织介入之后，同样也面临中介组织和农户利益一致性以及哪一方利益居于主导地位的问题。我们根据不同类型的中介组织讨论这一问题。首先，对于农民经济合作组织而言，一般来说，农户和中介组织之间的主要利益是基本一致的，因为农民经济合作组织本身就是农户为了共同利益诉求而自愿联接的；农户具有自主的退出权，认为自身利益受损或没有增进的农户可以“用脚投票”。如农民专业合作社[①]，种植同一类型或者相关农产品的农户自愿联合成社，从而形成一定规模的农地集中连片，对于部分社员间、社员与非社员间的农地“插花”问题，则可以在合作社的协调下，通过社员农户间、社员和非社员农户间的农地承包关系微调，实现农地的规模连片，从而满足农业专业合作社的要求或者龙头企业/大户的需求。其次，对于基于村集体或地方政府机构形成的中介组织而言，也不同于村集体主导型农地流转过程，后者在村集体的利益很难与农户的利益保持一致、尤其是存在冲突时，往往将村集体利益凌驾于农户之上，这是这种农地流转方式最根本的缺陷；而前者是以农户利益为主导，中介组织在这一过程中是居于被动的地位，是农户的代理人，在农户的需求引导下运作，不能直接决定农户的选择，中介组织对农户是否参与流转没有任何强制力，亦不能利用其他条件加以威胁，从而避免了公权对私权的侵害。

中介组织介入型的农地流转方式在农地规模的集中上具有很大弹性，不同类型中介组织的介入，所引致的农地流转规模也不同，可以满足不同农地需求方的需求。因此，对于农业产业化垂直协调的契约安排而言，这一形式的农地流转适用性较广，适用于“企业＋大户”、“企业＋合作组织＋中小农户”以及垂直一体化的要素契约，从而克服了农地细碎化分布对农业产业化发展的影响，适宜于不同农业产业化项目对土地规模的需求。

---

① 在家庭承包经营的基础上，从事同类或者相关农产品的生产经营者，依据加入自愿、退出自由、民主管理、盈余返还的原则，按照章程进行共同生产、经营、服务活动的互助性经济组织(《浙江省农民专业合作社条例》第三条)。

不过，中介组织的介入本身具有交易成本，如该组织自身运行所需要的行政管理成本等，在农地流转价格偏低时，中介组织很难从流转价格差异中获取收益，故很难弥补这些成本，所以，目前在农地流转过程中，很少有市场化、专业化的农地流转中介组织，往往由地方政府和村集体扮演中介角色。在实践中，地方政府和村集体介入之后，集体主导型和中介组织介入型之间的区分往往非常困难，两者的界限取决于地方政府和村集体的介入程度。而且，由于地方政府背景的中介组织一般不以利润最大化为目标，且这种农地流转制度的创新作为一项政绩工程，追求政绩最大化的天性会产生不顾及适宜条件而过度推广、规模过度扩张的情况。而对于村集体而言，其介入之后一方面可能会增加村级收入或增进村集体领导人的个人福利，比如来自于地方政府的物质补贴或者政治奖励；另一面，获得了流入土地的经营管理权利，财、权、利的同步扩张也会对村集体领导人形成规模过度扩张的激励。规模的过度扩张，超过农户意愿流转数量之后，难以保障农户的自愿原则，可能会演变为村集体（地方政府）主导型的农地流转。对于农民经济合作组织介入型的农地流转而言，一般不会产生上述问题，但是会面临合作组织运作过程中遭遇的困境，比如非社员的搭便车问题，可能会影响合作社成员联合的稳定性等，也不能排除个别社员在合作社专用性资本投入之后，比如土地平整、大棚建设等基础设施完成之后，进行所谓的“敲竹杠”式的机会主义行为。这些也为合作组织的运行带来交易成本。

(5) 农地流转形式、区域特征和垂直契约安排

综上所述，在中国人多地少、农地细碎化程度高的背景下，农地流转是农业产业化进一步发展的前提。由于中国农地产权分

割，所有权和承包经营权的分离导致农地流转主体的多元化。因此，目前的农地流转主要分为个体农户主导型、村集体主导型和中介组织介入型三类。应该说，这三种类型各有优劣之处，适用于不同的环境，并对应于不同的农业产业化垂直协调契约安排。

个体农户主导型，适用于远离中心城市、非农就业比重偏低、非农就业和非农收入不稳定、农村工业欠发达甚至周边没有工业企业、农户人均教育水平偏低、非农资产比重偏低、人均耕地较少、农村社会保障体系弱的地区。这些地区农户生活和保障主要依赖农地和农业生产，农户之间的农地流转可以降低细碎化程度，满足农业产业化对农地经营最低规模的要求。而在这些地区，农户大规模流转农地的意愿偏低，流转交易成本偏高，贸然推行村集体主导型的农地流转，尤其是流转农地用于劳动力密集度较低的农业产业化项目后，失地、失业劳动力增加，不利于社会稳定。因此，这些地区的农业产业化项目可能也会受制于农地流转方式，倾向于采取“龙头企业＋中小农户”、“合作组织＋中小农户”的垂直协调契约形式。

村集体主导型，适用于中心城市郊区、非农就业比重高、非农就业和非农收入稳定、村集体经济发达、周边地区二三产业发达、农户人均受教育水平较高、非农资产比重较高、社会保障体系较健全、村级民主政治较完善的农村地区。这些地区农户对农地和农业生产的依赖程度较低，非农收入大大超过农业收入，绝大部分农户种地意愿很低，农地使用权流出意愿很高；同时，由于地理位置优越，接近市场，有较完善的基础设施和较充裕的资金来源和技术支持，农业产业化龙头企业较多，农地使用权流入意愿较高。在这些地区，村级民主政治的完善形成了对村集体领导的有效约束，使集体主导型的农地流转符合农户意愿和农户利益，从而降低农地使用权流出方和流入方的交易成本；或者因为村集体领导人关注乡村共同利益而长期占据核心领导位置，从而在村庄内部树立了一定的权威并受到拥护，具有引导农户意愿的能力，甚至具有规避国家规则的能力，促成农地规模集中，满足龙头企业垂直一体化和大户的需求。

中介组织介入型的农地流转形式，在一定程度上具有个体农户主导型和村集体主导型两种方式的优势，在我国适用区域非常广泛。中介组织分为两类形式，一类是农户自愿联合形成经济合作组织，在此组织基础上派生出农地流转功能。这一形式适用于已有一定农户经济合作基础的地区，范围包括各级城市、县城、中心镇、小城镇周边，有龙头企业/大户的垂直协调安排与支持（这是必需的前提），有部分人参与非农就业且非农收入比较稳定。这种形式通常对应于“中小农户＋合作组织”、“中小农户＋合作组织＋龙头企业”的垂直契约安排。另一类是地方政府和村集体设立机构作为中介组织介入，这一形式适用于中小城市、县城、中心镇周边，农村劳动力非农就业比重较高、非农收入比较稳定；农地和农业生产对一般农户的生活影响不大；相当一部分农户农地使用权流出意愿强；村级或地方政府经济实力较强，在农村社保、卫生体系建设方面有一定投入；村级民主政治体系较完善，能够有效保护农户利益；存在可以满足农业产业化龙头企业发展所需要的基础设施、资金、技术和劳动力，从而形成一定规模的农地使用权流入需求。这一形式一般对应于“龙头企业＋大户”、“龙头企业＋合作组织＋中小农户”以及要素契约等垂直协调契约安排。因此，鉴于基于农户意愿的中介组织介入型的农地流转制度的突出优势、广泛的区域适用型和农业产业化垂直协调契约安排的通用性，以及从中国法规政策取向来看，为了维护农户的权益，承包经营权“私用”在权利内容和期限上不断得到强化，而所有权“共有”则不断被虚化，这一农地流转形式将是我国农地流转制度创新的必然趋势。

3.4.3 农业产业化之于农地流转：目标实现途径和润滑剂

(1) 目标实现途径

现在，讨论一个更基本性的问题。效率和平等一直是贯穿于中国农地制度变迁的主题。土改时期出于对平等的诉求，实行“耕者有其田”，但土地私有制却继续衍生不平等；人民公社时期出于提高效率和对结果均等这一极端“形式平等”的诉求，形成“一大二公”的农地制度安排，激励机制的错误安排造成效率的严重破坏和没有意义的“形式平等”，农业生产和国民经济濒临崩溃；家庭联产承包经营责任制的引入，通过维持土地集体所有来保障平等问题，通过剩余索取权激励农户。本书讨论的农地流转的目标亦脱离不了效率和平等的主题。

农地流转通常被认为是一种追求效率的经济行为。首先，市场化的农地流转是农地这一生产要素再配置的过程，从低效率转向高效率，是一个向生产可能性边界趋近的过程。其次，在细碎化程度非常高的情况下，通过农地流转降低农地细碎化程度亦能降低农地耕作成本。最后，农地的规模集中会不会更有效率，存在明显的争议。我们认为，农地的规模经济首先因为不同的农业行业而表现不同，比如有些行业必须是规模连片的；其次，同一农业产品的最佳用地规模与一个地区的要素禀赋和要素价格有关，这一点可以从贸易理论中的 H－O 模型中得出;最后但也最重要的是,我们如何来理解农地规模经济,已有强调不存在规模经济的经验研究,一般通过比较农地的产量或产值和农地规模之间的关系或者一定产量下的成本和农地规模的关系,引入各种控制变量,所研究的农地规模经济仅仅局限于农业生产的产中环节,忽视了农业生产的产中和产前、产后环节的关系。如果我们统筹上述环节,农地经营是否存在规模经济还将取决于这些环节间的交易成本。总之,效率是农地流转制度创新的一个基本目标。效率与平等之间的冲突是经济学上一个长期争论的话题,在农地流转这一经济行为上也体现了这一冲突。在我国,农地以及农地制度一直担当着非常重要的"平等"责任,最根本性的"平等"就是为农民提供最基本的生活保障和最后的退路,成为维护社会稳定的最后的防线。因此,维护平等且不致农村居民收入差距过大甚至两极分化,是农地流转制度创新成功的另一个基本目标,任何破坏最基本的平等的农地创新制度在我国都很难实施,更不可能推广。但是,没有效率增进的农地流转是没有意义的,而农地流转在追求效率的同时可能会产生农户之间收入差距扩大等负面效应。问题的关键在于,首先,整体效率的提高幅度有多大,如果幅度很小,那么不平等的相对代价就偏大,农地流转就没有意义;第二,提升效率的部分如何分配才能体现平等。

成功的农业产业化可以成为上述农地流转基本目标的实现途径。农业产业化是对农业产前、产中、产后环节的垂直协调以降低市场协调的交易成本。随着社会经济的发展,食品安全、需求多样化、环境保护等要求的提升,市场对这些产品的认同以及赋予的价值高于一般农产品;同时,现代农业的发展也越来越依赖于技术、资金的投入，同时面临更高的风险；而且，农业产品附加值的提高很大程度上依赖于初级产品的深加工，农业产业化的垂直协调作用不断凸现，对农产品价值与附加值的提高起到关键作用。因此，农地流转至农业产业化项目的预期效率较高，而且，农地规模经济很大程度上体现在规模经营可以降低产前、产中、产后衔接上的交易成本上。所以，成功的农业产业化创造了高效率农地流转的有效需求。

根据我们的定义，农业产业化是市场行为，并不带有任何政治上的强制性①，因此，结合土地承包经营权流转不得改变土地所有权性质、不得损害农民利益的前提，基于农业产业化的农地流转是建立在农户自愿的基础上，而农户自愿的前提是农户流出农地的收益高于其机会成本，尤其是让部分在农地生产上不具优势的贫困农户获得更高的收益。同时，农业产业化的契约形式多样，存在一些联接贫困中小农户的契约安排，比如“龙头企业＋中小农户”、“合作组织＋中小农户”、“龙头企业＋合作组织＋中小农户”等形式，使中小农户通过农户主导型农地流转方式调整各自农地，在合理的垂直协调契约安排下，参与到单个农户因为投入、风险偏高而难以进入的现代农业、高附加值农业中。这种让中小农户参与农业现代化、农业深加工价值的分配过程，对中小农户的扶持带动作用，有利于促进农村地区的收入平等。在这一利益分配的过程中，可以通过农户自愿联接形成合作组织，与可能居于主导地位的龙头企业进行利益分配的谈判，避免分散的中小农户利益受损。政

① 当然，在现实中也存在一些长官意志的农业产业化项目，在推行过程中并没有采取市场手段，带有一定的行政命令色彩，我们根据农业产业化的定义将这种情况排除在外。

府可以在中小农户和龙头企业利益纠纷过程中介入,通过设立相应的职能,保护利益受损方,实现农业产业化垂直协调所增进利益的公平分配。

(2) 润滑剂

成功的农业产业化可以在农地流转中起到润滑剂的作用,促进农地顺畅流转。首先,农业产业化的发展,产前、产后环节主要以二三产业为主,产生一定非农劳动需求,而且部分农业产业化行业,如园艺、蔬菜等在生产中也是劳动密集型的行业,也会形成对劳动力的需求,显然,非农就业机会的增多以及工资性收入比重的上升,将有效地减少农地流转的阻力。其次,对于中国农民而言,土地承包经营权很大程度上担当社会保障的功能。在自愿流转的前提下,对参与农业产业化的农地流出农户而言,农地流转收益通常会高于其种植一般大田作物的货币化收益,且不需资本、劳动力的投入。这种货币化收益通常与粮食价格挂钩,动态调整,随粮价上涨而上调,所以,农业产业化实现了农地社保功能的货币化,也降低了农地流转的阻力。第三,成功的农业产业化的发展,将形成优势突出和特色鲜明的产业带,促进农产品加工业结构升级和农产品品牌的培育,引导加工、流通、储运设施建设向优势产区聚集,而产业集聚的过程实质上是一个由产业支撑的城市化(城镇化)的过程。而且,基于农业产业化的产业集聚更是一个与一二三产业相联系的、具有产业支撑的城乡统筹的过程。显然,有产业支撑的城市化和城乡统筹进程的加快,会形成收益递增的良性循环,二三产业及其产生的就业机会持续扩张,进一步促进农地流转的实现。

3.4.4 小结

本节讨论农地流转和农业产业化之间的关系。农地制度深刻地影响了农业产业化的项目选择和垂直协调契约安排。经过数十年以效率和平等为主题的农地制度变迁的探索,农地集体所有、家庭联产承包责任制的农地制度终于找到了当前经济条件下的效率和平等的平衡点。但是,细碎化程度较高的农地承包经营权的分布实际上提高了农业产业化垂直协调的下游厂商的交易成本,一定程度上限制了农业产业化活动的开展和发展,土地承包经营权的流转成为农业产业化发展的前提条件。由于中国农地产权分割,所有权和承包经营权的分离导致农地流转主体的多元化。因此,目前的农地流转主要分为个体农户主导型、村集体主导型和中介组织介入型三类。不同的农地流转形式适用于不同的区域,这些区域特征包括农地的地理位置、非农就业的机会和非农收入的比重以及稳定性、农村基础设施和社保体系的完善程度、村级民主政治程度、村集体领导人权威水平、人均耕地数量、二三产业发展程度,等等。不同的农地流转形式,其农地的规模集中程度不同、流转期限不等、流转规范程度不同以及主导者身份差异,进而导致农业产业化项目选择的不同和契约安排的差异。相比较而言,尽管中介组织介入型的农地流转形式本身存在搭便车等交易成本且在实际操作中容易异化为村集体主导型农地流转等问题,但在目前,这种形式的农地流转适用区域较广,兼具村集体主导性和个体农户主导型的优势,在农地规模的集中上具有很大弹性,适宜于不同农业产业化项目对土地规模的需求和不同的农业产业化垂直协调的契约安排,这一农地流转形式将是我国农地流转制度创新最重要的领域。

同时,农业产业化的成功开展和发展又促进农地健康、有序、顺畅的流转。一方面,农地流转的基本目标是促进效率和平等,而农业产业化凭借其在效率上的优势以及通过契约形式对贫困中小农户带动作用的发挥等,成为实现农地流转基本目标的重要途径,形成了对农地流转的有效需求。另一方面,成功的农业产业化可以在产前、产后环节创造非农就业,并使农地保障功能货币化且能随物价动态调整,优势产业的形成和聚集又促进了有产业支撑的城乡一体化和城市化进程,上述因素的改善都将促进农地流转的顺畅进行。

4. 农地入股与股份制合作社的实践

——对山东烟台南王山谷葡萄生产合作社的考察

作为发展中大国，我国区域差异明显。从需求角度看，东部地区经济相对发达，而且外向度高，消费者对农产品及其加工品的需求呈现多元化，且对营养、健康和食品安全更为关注，产品的价值对产品特征的敏感性较大，有必要通过垂直协调的方式来实行质量控制和避免价格和产量的波动风险。同时，从供给角度来看，东部地区基础设施、市场体系相对完善，非农产业发展快速，一方面积累了充裕资本，提高了加工技术水平，从而具备较强的农业产后环节的生产能力；另一方面，农业劳动力非农就业和收入的比重和稳定性得以提升，进一步促进了非农劳动供给和土地承包经营权的供给。因此，在需求和供给的相互作用下，东部地区成为我国农业产业化的起源地，并通过不断地实践和摸索，农业产业化发展水平不断提高、组织形式不断完善。

在东部地区，山东省的农业产业化发展水平居于前列，在本章，我们具体介绍该省蓬莱南王山谷葡萄生产合作社的运行机制，分析“龙头企业＋合作社＋农户”这一垂直协调体系在该地区该行业的适用性，重点讨论该方式下农地股份制和专业合作社如何结合的，最后是对该案例的总结性评述。

4.1 案例介绍：南王山谷葡萄生产合作社

蓬莱市在地理位置上，与世界著名葡萄酒产地法国的波尔多处在同一条纬度线上，具备国际公认的最适宜海岸葡萄生长的"3S"原则（阳光、沙砾、海岸），是世界七大葡萄海岸和中国三大酿酒葡萄产区之一。依托这一优势，该市将葡萄及葡萄酒产业作为"百年立市"的产业和农业四大特色主导产业之一，重点培育，不断创新产业化模式，推进一体化经营。目前，该市葡萄种植面积发展到 12 万亩，注册葡萄酒企业达到 50 家，葡萄酒年生产能力达到 10 万吨，占全国总量的近 1/6，带动农户 3.7 万户，农民年增加收入 3 亿元。[①] 南王山谷葡萄生产合作社便是该市葡萄产业化方式创新的一个典型。

4.1.1 合作社的组织结构

中粮长城葡萄酒（烟台）有限公司斥资 6 亿元，在"南王山谷"12 平方公里海岸低缓丘陵打造万亩标准葡萄园与古朴典雅的葡萄酒庄，建成集高端酒生产、科研和酒文化展示、旅游观光为一体的"君顶酒庄"。高端葡萄酒品质主要依赖于原料的质量。为了满足高端酒生产所需要的葡萄原料，该公司选择了"龙头企业＋专业合作社＋农户"的契约安排。

2005 年 12 月，该公司专门成立中粮南王山谷君顶酒庄有限

---

① 数据引自《蓬莱市培育壮大农业产业集团、构建农业产业化体系有关情况》（内部资料，2008 年 9 月）。

公司(以下简称君顶公司),并以规划区内涉及的3个镇、18个葡萄种植专业村作为发起人,成立"烟台南王山谷葡萄生产合作社"①,根据《农民合作社法》制定了《烟台南王山谷葡萄生产合作社章程》,实行自主经营、自我约束、自我管理、自负盈亏。合作社实行独立核算、利益共享、风险共担、权利平等、民主监督、入社自愿、退社自由。这一合作社除了履行其传统的职能,比如对入社的土地进行山、水、林、田、路统一规划,统一整改,统一配套水利设施,统一栽培葡萄苗木,统一生产服务和技术指导,统一供应化肥、农药等生产资料,统一按保护价收购葡萄,其最大的特点在于引入了土地承包经营权的流转,在保证农民土地承包经营权不变的前提下,将其土地承包经营权量化入股,将农民变成合作社股东。18个村1400多户入社农户成立13个合作分社,由合作分社与带地入股农户依法签订《土地承包经营权流转合同书》,并由蓬莱市政府派出专门工作组对农民土地进行价值评估,按照质级评价折算入股,平均每亩地承包经营权折价1.6万元②,按每股1元折算股权数入股,共占36.2%的股份。君顶公司以投入资金为股份,占63.8%的股份。根据我们的调研,君顶公司主动提出,公司今后新的投入不再计入股份,这一股权结构将保持长期不变。在这一股权结构下,该合作社的社长和监事长由君顶公司指定,两名副社长以及副监事长则由带地入股入社农户担任。将上述组织结构简化为如图4—1所示。

---

① 蓬莱市隶属于烟台市。

② 根据我们的调研,这一土地承包经营权折价标准实际上是参照2005年胶东地区的农地征用标准,当时,政府征收一亩农地给农民的补偿约为1.6万元。

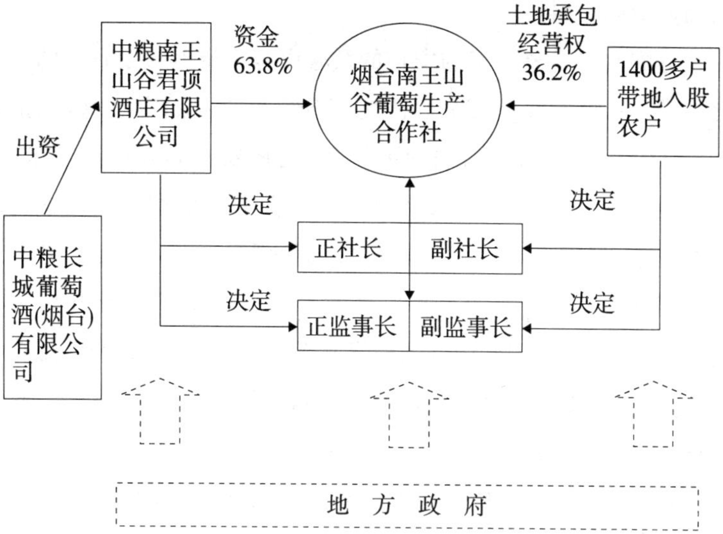

图 4—1　烟台南王山谷葡萄生产合作社的组织结构图

4.1.2 合作社的运作和分配

烟台南王山谷葡萄生产合作社通过土地承包经营权入股的形式集中了农地，通过大量的先期投入，包括统一规划、统一整改、统一配套水利设施，开发成葡萄基地，然后按照“入股社员优先”的原则，对土地进行划片承包经营，责任到户，实行定地块、定人员、定产量、定费用、定保护价，等等。对社员日常与合作社发生的经济往来，设立往来手册，逐笔登记，动账不动钱，月清月结。为确保种植和酿造出高品质的葡萄和葡萄酒，将标准化生产贯穿于每个运转流程和环节。农民合作社按照与烟台中粮签订的合同，安排生产计划、制定技术标准和操作规程等；及时为社员提供统一的灌溉、施肥、喷药、运输、技术等服务，并在社员农户出售葡萄时再回收上述投入和服务的成本，在降低农户负担的同时有效地保证了葡萄质量和原料供应。

分配政策是整个契约安排的核心内容。带地入股农户的收入分为固定部分和浮动部分。固定部分主要来自固定股息，每亩为500元/年。根据我们对农户的调研，当地农户如果种植玉米、小麦等传统大田作物，扣除农药、化肥、种子等投入之后，不考虑劳动力的成本，每亩收入在500元到600元之间，因此固定股息基本上超过了种植大田作物的收益。对于浮动部分，在合作社开始运作的前两年，主要是基础设施的建设和葡萄苗的种植，基本上没有收益，合作社在支付农民承包前的青苗和附属物补偿、承包后的栽培设施建设之后，每年还支付承包户每亩700元的管理费。到第三年葡萄见果期后，合作社按照质量、产量收购承包农民种植的葡萄，实行户交售、户结算，扣除合作社供应的化肥、农药、浇水等生产费用后剩余部分全部归农户所有，其中，价格是在最低保护价的基础上随行就市，产量则是以合同约定的产量为中心进行30%的上下浮动，质量标准主要依据专业仪器对葡萄进行的糖分测定，如果超过约定标准，质量每提高1%，奖励0.25元/斤，如低于标准，则同比例降低收购价。此外，如果合作社有利润的话，农户还将根据其股份获取分红。

从目前状况来看，由于刚起步，合作社基本上还没有利润，根据介绍，合作社共有包括技术员在内的12名专职员工，其工资由君顶公司负责，而兼职员工目前不发放工资。合作社未来的利润主要来自以下两个方面：一是在葡萄收购和售卖过程中提取5分/斤的交易费用，二是合作社凭借其规模在农药、化肥的购买中具有价格谈判优势，可以降低这些投入品的进货价格进而获取一定的收益。此外，合作社把销售收入的0.5%拿出来，连同社员每亩缴纳的 60 元，共同作为社员的生产风险基金，用于灾年及市场风险带来的损失补偿。同时，合作社还为入社农民提供良好的养老、医疗、教育和就业方面的保障。在生活方面，对带地入社后家庭所剩余集体承包土地人均不足 0.3 亩的，家庭成员可全部转为合作社社员，一是享受养老待遇，对男满 65 周岁、女满 60 周岁的社员，每人每年发给养老金 1200 元；二是享受农村合作医疗待遇，费用全部由合作社承担；三是享受子女上学奖学金，给予高中和中专在校生每人每年 1000 元的奖励，大学在校生每人每年 5000 元奖励；四是享受优先招工待遇。

最后，对于君顶公司而言，虽然投入巨大，但是获得了成规模的稳定的高质量葡萄原料，为其高端葡萄酒高额利润的形成提供了最根本的保障。需要指出的是，君顶公司的投资不仅限于农业产业方面，它还在万亩葡萄园的中心位置建立了高档酒庄会所，其投资涉及一二三次产业，涉及部分农村非农用地流转，合作社之所以能够为农户提供较为良好的养老等生活保障，有一部分来自非农用地流转的收益，由于这不是本书研究的主题，故不在此详细展开。

4.2　基于烟台南王山谷葡萄生产合作社的理论分析

得天独厚的地理条件和悠久的葡萄酒生产历史使得蓬莱成为理想的葡萄酒原料产地。葡萄种类的选择、葡萄的种植、葡萄酒的加工及销售显然构成了产前、产中、产后垂直协调的农业产业化链条。本节将从理论上分析这一产业链垂直协调的契约安排和相应的农地流转形式。

4.2.1 高端葡萄酒项目的交易行为特征

根据理论篇的分析，农业产业化行业特征对交易行为的特征影响深刻，进而影响不同契约安排的交易成本。因此，我们首先从高端葡萄酒项目的行业特征入手分析其农业产业化垂直协调的契约安排。对于高端葡萄酒项目而言，产前、产中、产后三个环节的信息均非常重要，对生产原料非常考究，包括葡萄的类型和葡萄的种植过程，对酿造工艺、地点、温度、设备等要求也异常严格，而且市场销售需要巨额的营销投入。高端葡萄酒的生产企业掌握了市场需求、酿造工艺以及所需葡萄类型和种植过程中的技术等关键性的信息，因此，企业在这一项目中居于核心地位。但是，企业受分散的农地和种植过程中私人信息的制约，因此，企业面临如何在这些制约下选择可行且交易成本最小化契约安排的问题。

首先，高端葡萄酒项目的资产专用性程度高，且交易双方的资产互补性也较高。对于企业而言，相对于一般葡萄酒的生产，高端酒在酿造设备、酒窖的建设上更为考究，需要大量的资金投入；高端酿酒工艺需要专门的技术人才和特定的技术；同时，高端酒的消费对象是社会精英集团，在起步阶段，需要在高端媒体的广告、宣传等方面支付大量的营销成本。更为重要的是，高端葡萄酒的品质，三分靠工艺，七分靠原料，因此，需要特定类型葡萄原料的成规模的稳定供应。一旦无法保障这种原料的品质和数量的供应，上述物质资本、人力资本、品牌资本的投入很难实现规模经济效应，更难以转为其他用途。显然，在这种情况下，企业可能会面临较高的来自原料供应方的机会主义风险，因而有加强垂直协调紧密程度的需求。同时，因为高端酒对原料的考究，使得企业和农户在葡萄生产和葡萄加工方面具有明显的资产互补性，这也要求紧密的垂直协调。

其次，高端葡萄酒这一农业产业化项目的不确定性水平较高。对企业而言，低水平的原料可替代性以及葡萄从种下到挂果需要2年以上的时期，提高了企业更换原料供应商或者更换原料类型的成本并增加了不确定性。而对于农户而言，这一点更为突出，因为不同于一般的大田作物，一年一熟甚至一年几熟，合同期限短，葡萄种植产生经济效益的期限往往需要4—5年甚至更长。合同期限越长，越难以形成理性的预期，事前可控性水平和事后重要性此消彼长，农户面临严重的不确定性。所以，若没有紧密的垂直协调契约安排，一般农户没有能力参与这一高风险的项目。此外，影响葡萄数量和质量的随机因素很多，光照、雨水、温度等的变动都是不确定的，一般的商品合同对葡萄产量和质量的规定很难足够清晰，即使规定了也存在大量的免责条款。这些免责条款对各种可能性的描述因为有限理性而不可能穷尽，造成了契约的不完全性。因此，在订单农业等商品契约的联结方式中存在一些突出的问题：一是由于收购价格低于市场价格，农民隐藏其葡萄产量，因契约的不完全性或者偏低的违约成本存在机会主义行为，高价出售葡萄给其他厂商；二是农民为了追求产量而不顾生产标准偷偷加大葡萄浇灌水量，并归咎于天气原因，导致糖分降低，葡萄质量得不到保障，而企业在短期内很难找到合适的替代品，尤其是在葡萄畅销时；三是当葡萄滞销时，种植户之间相互压价、无序竞争，造成葡萄销售市场混乱局面，企业乘机以质量条款压低价格的机会主义行为而造成农户损失。

第三,从过程可程序化来看,葡萄的生产过程仍需要劳动力的投入,而是否偷懒等行为很难观测到,即使可以观测到,也需要投入大量的监督成本。劳动投入直接影响葡萄品质和产量,而且由于这种影响关系还受其他不可测随机因素的影响,很难设计出完全契约来约束工作过程中的机会主义行为。所以,如果选择要素契约,采取工人制的葡萄生产过程的行为衡量成本偏高。而从结果可分性来看,就农户交货的葡萄质量和数量而言,企业的衡量成本很低,比如质量可以利用专业的仪器测定,这可以降低商品契约的运行成本。但是,由于高端葡萄酒对葡萄原料品质的高度重视,浇水、施肥、打药、剪枝等的时间和用量都有具体的规定,是标准化的生产,并具有明显的规模经济,在农户分散经营的条件下很难完成上述过程的协调。

从以上行业特征、垂直协调契约的交易特征来看,尽管商品契约在结果可分性水平较高的前提下通过剩余索取权的激励,可以解决劳动监督的难题,但是龙头企业面临原料供应中农户机会主义行为的威胁、不确定性的风险和履约率不高以及难以实现标准化、规模化生产等困难,所以,高端葡萄酒项目的垂直协调契约安排指向偏向于更为紧密的要素契约。

4.2.2 农地流转问题对要素契约安排的制约

根据理论篇的分析,垂直协调契约安排的决定不仅仅取决于行业的特征,因为契约嵌入于一定的社会、文化、经济结构之中,土地要素密集型的农业产业化契约安排必然受农地制度的制约。

如上文所述,高端葡萄酒项目成功与否的关键在于大规模的、稳定的、品质符合加工标准的葡萄原料供应,这必然需要大规模连片的农地且稳定地用于某些特别类型的葡萄种植。根据君顶公司设计的加工、销售规模，需要农地在五千亩以上。那么，在要素契约下，龙头企业面临如何完成这一大规模的土地使用权的集中问题。在中国当前的农地制度下，农地承包经营权非常分散，依据规范合法的程序完成这一规模的农地流转将涉及与上千户农户的交易，显然，没有中介组织的介入或者村集体主导，龙头企业直接与农户打交道将面临巨大的交易成本。

村集体主导型农地流转，比如村集体利用其土地所有权人的身份通过返租、股份化等形式收回土地承包经营权，再租给或者包给君顶公司，因为面临以下两个问题而存在很高的交易成本。第一，在流转之前，当地大量农户从事订单式的葡萄种植，农地收益高于一般大田作物，因此，在坚持农户自愿的前提，即在不损害农户利益的情况下，村集体返租的成本以及龙头企业的再承租成本较高，尤其是在葡萄挂果之前，企业还面临大量基础设施投入，巨额的承租成本构成企业的沉重资金负担。第二，葡萄一般在幼苗植入的 2 年之后才开始结果，经济结果年龄较长，如果各项作业科学得当，盛果期为 20—30 年，因此，龙头企业对农地流转期限所要求的水平较高。而对于农户而言，土地承包经营权流转期限越长，不确定性越高，所要求的确定性的等价水平亦越高。[①] 显然，龙头企业不可能一次性支付所有租金，而分期支付可能需要支付更高

① 比如，一些失败的农业产业化项目会影响农户预期的稳定性，在租金分期支付体系下，如果该项目失败，龙头企业只能放弃承租土地，农户此时如果决定重新耕种，则需要重新整理土地以满足自己所选择农作物的需要，并需要重置在土地承包经营权流转出去之后遗弃的或者过时的农机具，农户通常将上述投入视为农地流转项目失败后的成本，自然要求更高的租金水平来弥补这一可能存在的损失。

的租金来抵消农户对因期限延长提高的不确定性水平的厌恶。而中介组织的介入,无论是村集体还是合作社,如果选择转包土地给龙头企业的话,也同样面临上述问题。因此,君顶公司如果选择要素契约,在当前农地制度下,在保障农户自愿的前提下,很难解决土地使用权集中的困难。

4.3.3 破解之道:农地股份制和合作社

要素契约指向和农地流转之间的矛盾促成了一项基于农业产业化垂直协调契约安排和农地流转相结合的制度创新:以专业合作社为载体,龙头企业以资金入股,农户以土地承包经营权入股入社,实行股份合作制,社员获得固定的股息,并具有优先承包合作社经营农地的权利。

(1) 对农地流转难题的破解

这一制度创新在保障农户利益的前提下,并没有过度增加企业成本却成功化解了农地流转交易成本偏高的难题。首先,君顶公司出资在葡萄生产环节成立专业的合作社,并基本上以村为单位成立相应的分社,由原先的村集体领导人管理各分社。君顶公司注资合作社后,主要的资金用于山、水、林、田、路统一规划,统一整改,统一配套水利设施,统一栽培葡萄苗木,这本身都是君顶公司需要投入的,而且也需要和各村精英集团协调,因此,实际上合作社的成立并没有额外增加该公司的投入。分社的成立使得原先的村庄精英集团管理权力扩张,从而进一步提高了精英集团的权威,因此,可以获得这些精英集团的支持,降低合作社成立和运行的成本。显然,这些精英集团在组织农户农地流转方面的中介作用是一般团体所难以替代的,比如他们的介入,可以降低中小农户和龙头企业之间信息不对称的程度；另外，因为血缘、亲缘、地缘的联结，农户一般不愿意因为一次农地流转上机会主义行为得益而丧失长期、频繁的其他交易得利；而且村庄精英集团在乡村事务上具有明显的权威性，可以增进农户的信任，并对其机会主义行为形成可置信的惩罚威胁。

其次，君顶公司所建立的葡萄生产合作社是股份制的，农户以其土地承包经营权入股，这实际上是将农户的长期租金资本化为合作社的股权，进而君顶公司将农户的土地承包经营权的入股收益分为固定的股息收入和其他浮动收入，前者虽高于大田作物的收益，但即使包括700元/亩的管理费，也低于农户自己种植葡萄等经济作物的收益，这使得企业在经营初期可以降低租金支出，缓解基础设施和机器设备资金投入方面的压力。对于农户而言，当其获得合作社股份后，虽然在初始的两年效益并不明显，但是两年以后其收益除了固定的股息之外，还具有该合作社地块的承包经营优先权，参与种植过程可以获取收入，并可在合作社产生利润之后参与分红，所以农户预期其收入高于订单式生产。相对于一般的农地流转方式，农户在这一形式下对未来具有更稳定的预期，因为农户不需要其他投入仅凭借其土地承包经营权在合作社中具有36.2%的股权，而且合作社的两名副社长以及副监事长由农户代表担任，具有行使保障自身合法利益的手段、组织。需要进一步指出的是，君顶公司具有大型央企的背景，强大的实力也有助于农户稳定预期；地方政府在土地承包经营权量化入股等环节的介入，也提升了农户对这一合作社运作方式的信任和认可。

而且，龙头企业在农业产业化项目开发的过程中，注意到农业产业化对促进农地流转的润滑剂作用。比如，给社员提供养老、医疗、教育等保障；同时，酒庄在建设初期，酒庄建设、绿化等工作尽可能让本地工人参与；建成后招聘工作人员，优先录用符合条件的社员，原则上每户社员不少于一个劳力被录用，与录用人员签订劳动合同，报劳动管理部门备案；对社员子女中高中毕业的，酒庄出资送相关技校培训，毕业后到酒庄就业（张绍贤和徐爱兵，2008）。龙头企业的上述行为可以降低农地流转的阻力，促进农地顺畅流转。

最后，在这一方式下，对于龙头企业君顶公司而言，不需要增加过多的资本投入就直接化解了农地使用权难以长期集中的矛盾，完成了 6400 亩葡萄庄园的农地流转任务，为稳定葡萄原料的供应奠定了基础。对于农户而言，合作社的成立和一定比例的股权使得分散的农户具有表达意愿、保障权益的组织，有助于农户对未来形成较为稳定的预期，而且根据我们的调研，2008 年葡萄开始进入结果期，农户的收入比往年具有明显的增进，来自种葡萄的收入不仅没有降低，甚至还有所提高；同时还获得每亩 500 元的股息，以户均 7 亩地计算，则增收 3500 元；另外部分农民还获得在公司就业的机会，获取了工资性收入。所以，这一农地流转形式的确得到了当地农户的支持。

(2) 垂直协调交易成本的下降

这一制度创新的优势还在于基本上保留了要素契约的优势，同时避免了要素契约在衡量农户工作努力和成果上的缺陷，促进了垂直协调交易成本的下降。首先，在这一制度下，由烟台南王山谷葡萄生产合作社组织农户葡萄的种植和收购。该合作社由龙头企业控股，且社长、监事长均由君顶公司指派，专职管理人员和技术人员的工资也由君顶公司发放，所以，合作社基本上不可能利用不确定性对龙头企业的高资产专用性进行敲竹杠。合作社及其控制人具有足够的激励根据高端葡萄酒对原料的要求安排具体的生产计划、制定技术标准和操作规程等,为社员提供统一的灌溉、施肥、喷药、运输、技术等服务。这一方面避免了农户自己负责上述作业时存在机会主义行为,比如过度浇水、没有按规定的时间施肥、喷药以盲目增产等,另一方面也实现了部分生产作业的规模经济,从而有效地保证了高端葡萄酒项目对葡萄质量和数量的需求。

其次,在这一制度下,农户避免了直接与企业交易,而是与生产合作社进行交易。烟台南王山谷葡萄生产合作社基本上以村为单位分成 13 个分社,这一分解使得社员间的交易范围基本上限于村庄内部。基于中国农村社会差序结构的信任空间分布,在血缘、亲缘和地缘构建的关系型社会中,社员间的交易演化为村庄内部的交易,基于长期博弈和其他交易的预期,社员农户一次性机会主义的机会成本过高,也可以在一定程度上避免非社员农户的搭便车问题。更为关键的是,在这一制度设计中,农户凭借其土地承包经营权入股到葡萄生产合作社,从长期来看,与合作社形成了利益共享、风险共担的关系。因此,合作社除了利用关系型社会交易关系规避农户机会主义行为之外,更可以利用股权激励来消除农户的机会主义行为。同时,社员农户利用合作社组织,尤其是在合作社的股权,可以在一定程度上保障自身的利益,遏制龙头企业的机会主义行为。

最后,在这一制度设计中,烟台南王山谷葡萄生产合作社将入股的农地重新进行转包,社员具有优先权。转包农户负责葡萄的种植,并接受合作社的生产、技术和销售服务,包括农药、化肥的供给,在出售葡萄时扣除上述服务和投入,获得相应的葡萄销售收入。这一环节体现了商品契约的性质。通过引入剩余索取权的激励,利用葡萄销售时的结果可分性水平较高的特点,发挥市场的高能激励作用,降低龙头企业或者合作社对农户劳动的观测、监督成本。

4.3 总结性评述

蓬莱的葡萄种植以及葡萄酒行业具有地理上得天独厚的优势,基于葡萄酒项目的农业产业化组织形式在这一地区发展迅速。根据交易成本经济学等理论,从行业的交易行为特征来看,高端葡萄酒项目的资产专用性程度和交易双方的资产互补性程度高,产中环节的部分作业具有明显的规模经济,在较高的不确定性水平下容易引发交易双方的机会主义行为,因此,高端葡萄酒项目具有明显的要素契约指向。但是,在中国当前的农地制度下,农地承包经营权非常分散,农地本身收益偏高、契约期限偏长增加了要素契约下农地流转的交易成本。山东烟台南王山谷葡萄生产合作社是对“龙头企业＋合作组织＋中小农户”这一农业产业化垂直协调方式的实践,是对破解上述问题的制度创新。

这一制度创新突出的特点是,在垂直协调契约安排中考虑到农地制度的制约,在制度设计中认识到农业产业化和农地流转的关系,通过企业出资入股、农户土地承包经营权折价入股,共同组成专业葡萄生产合作社,实行股份合作制。在这一制度创新下,龙头企业君顶公司并没有明显增加新的投入,只是通过合作社的组建,将农户的土地承包经营权的长期租金资本化为股权,避免了在前期巨额的租金投入,通过稳定股息支付、浮动的收益分享、就业机会的供给和生产生活的保障，并发挥乡村精英的协调作用，降低了土地承包经营权流转的交易成本，化解了农地使用权难以大规模长期集中的矛盾，完成了6400亩葡萄庄园的农地流转任务，为稳定葡萄原料的供应奠定了基础。对于农户而言，合作社的成立和一定比例的股权使得分散的农户组成具有表达意愿、能够保障权益的组织，有助于农户对未来形成较为稳定的预期并提高收入，符合"不得改变土地集体所有性质，不得改变土地用途，不得损害农民土地承包权益"的原则。一方面，这一制度创新保留了要素契约在避免龙头企业和中小农户之间机会主义行为的优势。龙头企业掌握着合作社的控股权和主要人事的控制权，从而使合作社与龙头企业利益高度一致化，满足部分作业对规模经济的需求；以原先的村庄为单位建立分社，有利于发挥关系型社会对降低交易成本的作用，而赋予农户基于其土地承包经营权的股权，强化了农户与生产合作社的利益一致性。另一方面，合作社将集中的农地使用权转包给参与农地流出的农户，用于特定类型葡萄种植，避免了要素契约下过多农户失地的弊端，同时又发挥该项目中商品契约下的剩余索取权对劳动者的激励作用。

此外，我们从这一案例中发现，该制度设计比较重视中小农户的风险规避问题。首先，设计出等同于大田作物收益的固定股息，这实际上将土地的保障功能货币化；其次，完善入社农户的养老、医疗、教育、就业的保障，降低个体农户家庭的风险；第三，由合作社和社员共同设立生产风险基金，用于农民灾年市场风险带来的损失补偿，降低系统性的跨期风险。因此，尽管是大规模的土地承包经营权的流转，却降低了中小农户的经营风险，这也是这一制度创新的突出特点之一。

尽管烟台南王山谷葡萄生产合作社的制度创新在降低土地承包经营权流转和农业产业化垂直协调成本方面发挥着积极的作用，但是这一方式在运行过程中也需要注意一些存在或者可能存在的问题。首先，就这一方式而言，农户入股合作社，而合作社并不参与高端葡萄酒加工和高端葡萄酒销售的产后环节，而在整个产业链中，产后环节才是利润最丰厚的环节，当然，产后环节的风险也很大。因此，如何进行进一步的制度创新，让中小农户在尽可能避免风险的同时参与产后环节利润的分配，是制度演进的方向。其次，在这一方式中，农户土地承包经营权入股，农户的绝对股数不可能增加，而企业以资金入股，如果不对股比作限制性的规定，可能会出现企业逐渐提高其所占股比，导致合作社在股权结构上难以保障农户的利益。当然，根据我们的调研，烟台南王山谷葡萄生产合作社在这一方面做出承诺，不会改变双方股比。第三，这一方式能够完成几千亩农地较长期限的流转，与龙头企业强大的实力（包括资金实力、技术实力、管理实力、市场营销实力等）密切相关，可以提高地方政府以及中小农户对其信任的水平，降低了交易成本。因此，这一方式在推广过程中要非常注意这一点，中小企业的实力及其抗风险能力难以支撑这一大规模的农地流转，地方政府或者村集体领导人切忌强行推广。不过，这一方式所适用的规模具有较大的弹性，中小型的龙头企业可以尝试较小范围内的农地流转。第四，这种方式的农地流转往往涉及地方政府和村集体的参与，所以要尽可能避免出现农户非自愿流转的现象。

最后，如案例介绍中所提及的，合作社之所以能够为农户提供较为良好的生活保障，包括新农村建设的投资，与非农用地流转收益的让渡有关。这给我们的启示是，对于目前较为关注的非农用地流转，如宅基地换房等形式，一般用于房地产等开发，难以带动农户福利的进一步增加。可以考虑引进类似于君顶公司的这种产业化模式，除了农地流转之外，可通过厂房、酒庄、宾馆等建设进行非农用地流转，带动该地区二三产业的发展，带动农户非农就业，促进农村基础设施建设的完善，推进具有产业支撑的新农村建设，实现现代工业与现代农业、生态与经济、城市和新农村统筹发展，促进城乡一体化的建设。

5. 乡村精英、产业选择、国家规则与农地返租

——对胡桥方式的探讨

中部地区是我国重要的粮食主产区，尽管农业产业化起步晚于山东等东部地区，但发展速度很快，组织形式和农地流转制度的创新方式也不断涌现。河南省漯河市的农业产业化发展较为成功，本章以及下一章将以该地区的两个种植行业为例讨论农业产业化和农地流转制度创新的问题。

苗木行业，不同于一般的大田作物，成长周期较长，通常超过一年，甚至长达十几年，而且苗木的销售并不固定，往往与具体的绿化工程等相关，因此，除了规模经营的要求之外，苗木行业对土地使用权的稳定性要求很高。这一农业产业化的具体项目对当前农地流转制度提出了新的挑战。如何实现农地大规模且具稳定地流转，并避免流转过程中出现的问题，特别是农户农地权益保护的问题呢？这一困难不仅仅存在于苗木行业，在很多其他类似的农业行业也存在。因此，这一问题的解决，对于理解和解决我国农业产业化和农地流转制度的矛盾有一定的意义。漯河市胡桥村及胡桥工贸有限公司通过村集体经济返租农户耕地的方式来解决这一问题。这一乡村精英[①]选择的制

---

① 本书的乡村精英泛指在乡村基层具有正式或非正式公务身份的人，是体制内或体制外公务活动的组织者和管理者（张静，2006，第 60 页）。

度安排和国家规则之间的矛盾是怎么解决的呢？本章先简单介绍具体案例，然后根据交易成本经济学等理论分析苗木行业这一农业产业化项目对契约类型的选择和土地制度的特殊性要求，再结合这一要求和乡村精英作用与国家规则之间的关系分析当前农地返租形式的发生过程、注意的问题和发展方向。

5.1 案例介绍

胡桥工贸有限公司是胡桥村的集体企业。该村从 1994 年开始办企业，生产纸盒、纸箱，但是由于经营管理不善等诸多原因在 1999 年倒闭。村委会干部考虑到当时当地农地承包费用和劳动力价格相对低廉，认为苗木行业的市场前景很好，决定集中部分耕地发展苗木行业。最初由几个村干部发起，集中三四十亩左右的自家耕地进行种植，到 2001 年，企业总共租地 200 亩，租赁费用是 300 元/亩。公司除了苗木种植之外，还创建胡桥园林绿化工程有限公司，组建了工程队，参与具体的绿化项目，实现了产前、产中、产后的一体化。

胡桥工贸有限公司的进一步发展必然要求农地的进一步集中。在绝大多数耕地已经承包到户的前提下，该公司的实际控制团体村委会面临如何返租农地的问题。由于最初，村民并不确定苗木行业是否能够成功，因此租地的积极性并不高，村干部采取与不愿出租农地的农户换地的方式来实现农地集中。由于租金提高到 600 元/亩并能够在规定期限拿到并且苗木公司发展势头较好，农户出租农地的积极性提高，公司规模迅速发展，2002 年年初租赁农地面积已达 2200 多亩，该村 420 户农户有 400 多户将农地租给公司。2003 年开始租外村的农地，到 2007 年年底，租种本村以及邻村农地达 8000 亩。

5.2 胡桥方式的理论分析

胡桥村村干部是在关闭纸箱厂之后，选择了绿化用苗木这一新兴的农业产业化项目。随着我国经济发展和城市化进程的加快及生态文明建设的推进，城市建设和城市居民对绿化需求不断增大，绿化用苗木行业具有广阔的市场前景。本节将分析这一农业产业化项目的契约形式的选择以及对农地流转的要求，即要素契约和商品契约之间的权衡以及相应农地流转形式的确定。

5.2.1 契约形式选择：规模经济和交易成本

根据本书理论篇中关于垂直协调契约安排的理论分析框架，我们将分析这一农业产业化项目的交易行为特征，尤其是突出的规模经济效应，进而讨论契约形式的选择以及对农地流转的要求。

第一，苗木行业呈现出明显的规模经济效应。苗木行业的经营环节大致可以分为以下三个环节：种苗的购买、繁殖培育、市场销售。种苗购买是一种投入品的购买行为，传统的生产规模经济理论往往忽视了投入品购买中存在的资金经济（Pecuniary Economies）问题，当单个厂商对投入品的需求量达到一定临界值时，投入品的价格是厂商购买量的函数（Cohn，1992； Truett and Truett，1995），当两者呈负相关关系时，即表现为资金经济。由于绿化苗木的异质性远高于传统的大田作物，在一定程度上体现为垄断竞争市场的性质，且其整个市场容量也远低于一般的大田作物，从而也更容易达到资金经济的临界值，所以投入品的购买环节存在一定程度的规模经济，此外化肥、农药等投入品的购买可能也存在这种规模经济。其次，繁殖培育环节的知识专业性强，专业技术在使用过程中表现为几乎为零的边际成本，另一方面有别于一般的大田作物，专业技术的获得需要一定的知识水平以及培训等人力资本投入，因此，为了弥补大量的人力资本投入，往往需要达到一定的规模。此外，繁殖培育环节中所涉及的土地整理规划、农地基本设施的投入、农机设备的使用等都表现出一定的规模经济。再次，在市场销售环节，作为一种异质性较强的农业产品，企业规模的大小在市场上的谈判力会不同；绿化工程对苗木的需求表现为多样化的特征，一般不会只购买一种绿化苗木，因此，与一个能够提供多样化产品的苗木企业进行交易，可以在一定程度上节约交易成本（范围经济的好处），而苗木供应品种的多样化的前提是苗木企业的规模足够大，以至于达到相关品种的苗木都能满足必要的规模经济条件。所以，苗木行业的各个环节都存在明显的规模经济效应，对于单个农户或简单的几个农户的联合而言，不可能实现必要的规模经济。这种规模经济的发挥往往需要一个紧密的一体化组织和大规模的农地集中才能完成。

第二，苗木行业的资产专用性程度较高。首先，种苗购买、技术人员聘请、农机设备购买、基础设施建设等前期投入具有明显的物质资产专用性，这些投入很难挪为他用。在商品契约模式下经营，苗木企业可能会遭受到敲竹杠的威胁。其次，绿化苗木销售过程中的规模经济明显，单一农户是不可能完成销售任务的，因此，只能销售给苗木公司，那么就表现出明显的特定资产专用性，而且在契约的不完全性条件下，销售苗木的具体特征是很难描述清楚的，加之存在大量不确定因素及限于技术水平，农户很难保证销售苗木的质量，更不愿意因此承担极有可能发生的来自企业的机会主义风险。最后是场地专用性，这是苗木行业资产专用性的一个突出的特点。不同于一般的大田作物，苗木成长周期较长，通常超过一年，甚至长达十几年，而且苗木的销售并不是在固定的季节，往往与具体的绿化工程等相关。而一旦苗木种植于某一具体地块时，如果重新迁移到新的地块，为了保证移种苗木的成活率，需要耗费大量的人力和物力。因此，苗木行业对土地使用权的稳定性要求很高，场地资产专用性非常突出。

第三，与粮源方式中种子行业相比较，种子行业的种植时间比较短，往往是半年左右，即为该地区一季小麦的时间，而苗木行业跨时比较长，通常超过一年，甚至长达十几年，无论是对于农户还是对于企业，面临的机会主义风险的跨时也比较长，有限理性的经济人对长期的预测能力弱于短期，事前可控性较低，契约的不完全性更为明显，契约内容很难依赖于法律执行，敲竹杠者的机会主义成本更低了，企业自然面临更高的不确定性。

第四，从结果可分性和过程可程序化角度来看，苗木行业的组织制度更倾向于垂直一体化。首先，苗木行业的结果可分性不高，因为苗木行业的技术水平远比一般的大田作物和普通的种植行业复杂，其在生产过程中面临更多的不确定性因素，很难对苗木的最终质量做出客观地评估，结果的可分性程度较低，从而导致商品契约在最终执行时面临较高的交易成本。其次，从过程的可程序化来看，尽管在商品契约下剩余索取权可以有助于解决生产者的激励问题，但是，在此存在着与规模经济的权衡。由于苗木行业在种植过程中对专业技术水平的依赖度很高，而农户的技术水平难以满足这一需要，因此在过程可程序化和种植过程中规模经济的权衡结果来看，这一行业更倾向于后者。[①]

综上所述，从对契约的选择来看，苗木行业经营完全倾向于要素契约，即通过大规模租用土地、聘用农业工人进行生产的方式，商品契约则因为规模经济问题难以解决和面临较高的交易成本而不被考虑。即使类似于粮源方式中的“中间人”制度，也因为相对于麦种培育行业而言苗木行业在规模经济，尤其是生产过程中的规模经济突出、资产专用性程度高、结果可分性程度较低、交易持续期偏长、不确定性程度高而无法使商品契约交易成本低于要素契约。

5.2.2 农地“返租”：国家规则、乡村精英与利益分配

胡桥村以村支书胡青举为核心的村干部选择了苗木行业以及由此衍生的绿化工程行业这一农业产业化项目，这一项目的实施依赖于要素契约，进而面临着如何将承包到户的农地使用权重新集中到村级组织的问题，即所谓的“返租”。在本案例中，胡桥工贸有限公司是村办企业，“返租”农地没有经过“倒包”过程直接进入到公司手中。胡桥村的农地流转方式从本质上属于“返租倒包”。不难发现，要素契约进而是农地使用权大规模集中是苗木行业发展的必然前提，但是，从目前中央政策以及大部分学者的观点来看，“返租倒包”不宜提倡，甚至应该予以制止（段应碧，2002）。中共中央 18 号文件的出台的 2001 年，恰恰也是胡桥村农地“返租”

---

① 对于这一点，苗木公司的负责人也认为规模经济在这个过程中更为重要，因为在种植过程中，低技术水平的劳动的作用并不突出，这也是和粮源模式中关于麦种培育明显不同之处。

大规模开展之年。显然，国家规则和乡村精英的选择之间存在明显的矛盾。我们有必要在上述背景下从国家规则和乡村精英的动机与行为出发分析胡桥村农地“返租倒包”的实现过程、存在问题和发展方向。

中国的正式官僚层级达到乡镇一级，最基层的村级管理则由乡村精英完成，因此，乡村精英既不是官僚体系内部正式的成员，也不是普通的村民，而是承担联系官方体制和乡村社会的中介角色，其政治权威来自官方的授权和村民的认可。因此，其目标与官方意图和乡村共同利益均不是完全一致的，而是关注巩固自己的支配权。中介人的角色使得乡村精英往往要平衡行政体系和乡村共同利益以获取双方的支持。这种乡村精英自身利益最大化的权重分配取决于精英的年龄和资质。通常，资深年长的乡村精英更注重乡村共同利益的维护，而出于升迁等政治利益（比如人大代表之类的虚职）的需求可能倾向于官方意图的执行。张静（2006）曾对乡村精英和国家规则以及乡村社会的关系做了精辟的分析。官方意图具体应用到乡村层面时，产生不同于官僚体系内部完全一致的执行过程，而是重结果不重程序，乡村精英通过信息处理、变通灵活甚至是私下交易的公务处理规则将官方规则转变为符合乡村习惯的弹性处理，从而呈现出明显的地方性和个别性。官方意图来自多个层级，如中央和地方，相对于中央政府层次的国家规则，关于农地流转问题、甚至包括农地制度问题的地方政府规则往往更显得宽松，特别是具体到县乡基层。而且，因为乡村精英和地方官僚的频繁接触，地方层级的官方意图更容易被执行。因此，由于利益诉求的不同以及重结果而不重程序的乡村治理，乡村精英对官方意图尤其是中央层级的国家规则的执行存在严重的工具化倾向。所以，国家规则的应用是充满弹性的，往往是乡村精英利益诉求的工具，一旦工具化，就变为可用可不用或者可以随意修正。这为我们分析胡桥村农地“返租”的动机和行为提供了分析的逻辑框架。

从中央关于农地流转的政策来看，导向非常明显，就是鼓励农户之间的农地流转，而不提倡甚至制止村集体组织直接介入进行“返租倒包”，主要的理由大致可以归纳为：第一，国外农地大规模流转是在非农产业和非农就业发达的前提下发生的，中国绝大多数农村并不具备这一条件，容易引发严重的社会就业、社会阶层深层次变化等问题；第二，无论是传统农业还是现代农业，家庭承包经营方式是非常有效率的农业生产组织形式；第三，农村农地使用权流转主体是农户，乡村组织为获取更高的集体收入而介入，剥夺了农户的主体地位，无法有效的实现自愿原则，进而损害了农户的农地权益（段应碧，2002；刘守英，2002）。在归纳的三个原因中，第一个原因涉及“返租倒包”形式的客观条件；第二个原因实际上是讨论“返租倒包”在生产过程中的必要性；最后一个原因是最为本质性的，即规定了农地流转的原则以及利益分配问题。这实际上为我们关于胡桥村的“返租”行为的分析提供了参照系。

纸箱厂的失败之后，乡村精英认定绿化用苗木行业有美好前景，如上文所具体分析的，该行业规模经济突出，商品契约形式，包括类似于引入“中间人”制度的商品契约形式的交易成本偏高，市场风险大，不适于家庭经营，要素契约的治理结构即农地“返租”的必要性就形成了。进而，乡村精英在农地流转制度的具体选择和国家规则之间发生了矛盾。胡桥村乡村精英集团的核心人物是支书，支书和村长从 1976 年上任以来，长达 32 年而没有更换，因此，在乡村民主不断演进的过程中，这一精英集团的核心始终担任领导者角色的前提必然使其更关注乡村共同利益[①]，同时在村庄内部树立了一定的权威。因此，官方意图乃至国家规则在村庄的执行力度更依赖于村庄的共同利益。在胡桥村的乡村精英眼中，绿化用苗木行业的选择和发展是符合村庄共同利益的，进而农地“返租”也是符合村庄共同利益的，因此，乡村精英自然尝试规避与村庄利益并不一致的国家规则。

从客观条件和必要性来看，胡桥村共有耕地2270亩，村总户数440户，总人口1771人[②]，户均耕地5亩，人均不到1.3亩，务农劳动力比例不高，因此，从事外出打工等非农就业以及从事养殖业等农地密集度不高的农业产业的劳动力比例较高。据我们了解，在未实行农地“返租”时，该村有50%以上的劳动力主要收入来源不是耕地，兼业现象非常普通，而从目前“返租”之后的结果来看，胡桥村并没有出现社会就业危机，部分村民被聘用到胡桥工贸有限公司和胡桥园林绿化工程有限公司，其他劳动力基本上从事养殖行业或者非农就业。因此，胡桥村的客观条件表明其在一定程度上符合农地“返租”的要求。

不过，在“返租”过程中如何体现自愿原则以及如何维护农户农地权益是最为关键的。如果偏离了这一关键性原则，一方面可能导致农地“返租”无功而返；另一方面，可能导致乡村精英在具体制度选择中与国家规则的偏离这可能存在政治风险，一旦与乡村共同利益也发生偏离，可能会有竞争性的“在野”精英集团利用国

① 这一点我们在与当地村民的访谈中有深刻的体会。

② 2007年年底数据，由胡桥村提供。

家规则挑战原有的乡村精英权威。胡桥工贸有限公司及其背后的胡桥村村委会在这一原则上的践行值得介绍。在“返租”过程中，由胡桥工贸公司提供一份标准化的租地合同，具体写明耕地补偿内容，补偿标准为每亩耕地夏粮小麦600市斤，秋季大豆300市斤，付款方式以固定日期的粮食市价为准（目前这几年实际上都是按照每亩600元现金进行结算），并规定被租方在租入方承包管理时具有优先权。合同期限暂定为5年，但是合同到期后，工贸公司可通过“不再另立合同、以此合同为准”，“有权延长使用期”。在发展初期，主要是乡村精英将自己家所承包的农地拿出来，但是为了满足农地连片的要求，往往涉及部分地块的农户不愿意出租的情况，这是通过地块置换的方式解决的，在置换的过程中尽可能地照顾到不愿意出租农户的利益。随着苗木行业发展前景的不断明朗，出租农地的农户也能在合同规定的期限内拿到承诺的租地所得，而且每亩600元的价格在粮食价格低迷、税费负担沉重的2002年前后，高于一般农户自己种地所得，因此，该村随后的“返租”过程进展非常顺利，不少农户主动要求出租农地。胡桥村“返租”农地的过程，实际上是以规范的标准化合同规定相应的权利和义务，在此基础上通过乡村精英的示范效应，提供令农户感到满意的补偿额来实现自愿原则，同时避免可能存在的竞争性精英集团挑战所形成的政治风险。

从上述分析来看，目前该村的农地“返租”制度绩效比较好，从利益联结机制来看，在本案例中，村集体经营的企业通过租用农户的农地，并利用农地的规模效应大范围地进行种植和生产，进而创造了较高的利润。同时，农户也从中增收。首先，企业给农户的农地租赁费用一般比农户自己种地获得的平均收入要高一些，农民一般都愿意把农地租给公司或村里集体使用；其次，农民彻底从农地上解放了出来，对于那些年轻体壮的人来讲，他们更多地会选择外出务工，对于那些年老的人来说，他们会留在村里或者村中的企业里帮忙做事，通过这些活动也可以获得一笔可观的收入。

但是，在这一农地"返租"的案例中，存在以下几个问题。首先，从农地租用合同的规范来看，没有明确具体地块的方位，只标明具体的面积；农地租价规定是根据市价的粮食数量的价值总合，但实际执行过程中，以 600 元/亩结算，在 2007 年至 2008 年上半年粮食价格上涨、通货膨胀较为严重的情况下，这一补偿额存在实际缩水的情况，农户有不满情绪，当两者偏离继续增大时，"自愿"就不存在了。其次，农地租金的支付建立在工贸公司的苗木行业发展成功的前提下，根据目前的规模，该公司一年的农地租金支付额接近 500 万，一旦出现经营危机，租金的支付很难保障，而且出租农户基本上已经将与大田作物相关的农机设备低价转让，如果重新耕种，需要更大的物质投入和大量的土地整理工作，农户反而可能会面临损失。因而，这一行业发展能否成功是这一"返租"方式成功的前提。但是，这是一个不确定事件。第三，考虑到农民工回流的问题，目前公司临时雇佣部分本村的年长劳动力，但是，在最近几年可能会出现一些年长者的刚性回流问题，如何解决这部分人的就业是该村应该未雨绸缪的。第四，在合同中专门指出公司具有单方面延长使用期的权利，这是从公司自身利益出发考虑的，为的是满足公司经营用地使用权稳定的要求，但是对农户而言，这份合约的签订实际上已经使他们基本上丧失了与所承包农地相关的决策权利，而只能获取合同规定的固定收益权，农户的土地承包经营权变得残缺了。这一问题和即将在下文要分析的最关键问题密切相关。乡村精英冒偏离国家规则的政治风险，不仅仅是出于乡村共同利益，而且是在增进乡村共同利益的同时，渗透着其对乡村经济资源（比如土地、财务控制权）获取的利益诉求。事实上，拥有更多的经济资源支配权，意味着乡村精英可以在村民处更有能力树立权威，在官僚处具有更强的谈判力，从而强化和巩固精英集团的力量。① 我们在临颍县的调研中也发现，掌握更多经济资源的精英集团，其对乡村社会的领导期更长，如极端化的南街村以及类似于南街村但并没有掺杂极端意识形态的北徐村等。因此，农地"返租"以及进一步的"倒包"在获得更多的农地支配权权利束的同时，还可以谋取其中的级差地租，这是为什么农地"返租倒包"能够迅速推广在动机上的原因。显然，在农地权利特别是农地收益权配置上，乡村精英和农户之间存在矛盾之处。胡桥村的乡村精英在发展初期，在农地收益的分配上，实际上做出了让步，这也是他们为什么能迅速实现农地规模扩张的原因。但是随着苗木行业的成功发展，相应地农地总收益也持续提高，不过，根据目前的合同规定，农户是难以享受到农地的收益增进部分。显然，作为集体产权的代理人，总是存在所代理资产扩张的内在冲动，乡村精英将尽可能留住这一部分的收益。

上述问题的解决，一部分可以通过农地租赁合同的内容和执行过程更为规范化来实现；而所选项目的发展成功与否却取决于

① 比如，村庄经济资源的控制权使乡村精英能够在乡村公共品供给上居于优势地位，胡桥村近几年的公共投入较大，2007 年修路投入 160 多万；校舍建设投入 50 万，每年的维修费达 3—5 万；自来水工程投入 50 万，每户农户都已用上自来水；闭路电视投入 8 万；此外，对本村特困户和考上大学的本村学生予以物质支持。这和我们关于粮源模式的调研中所涉及的村庄差别非常明显，而且这些村庄的领导人更换频率远高于前者。

乡村精英的管理经营能力，并需要考虑提前一年预支第二年的租赁费用，并建立一个风险预警机制，一旦进入到破产程序，可以优先考虑保证出租农地农户的基本权益。回流问题、农户和村集体在土地权利的配置问题实际上可以归结为最终农地收益的分配问题。这一问题的解决之路目前都倾向于土地承包经营权入股的股份合作制，通过股份化来实现增进收益部分的重新分配。该村书记胡青举在与我们的访谈中也认为，该村农地流转制度的下一步发展方向是农地股份合作制，但是当我们试图讨论关于股份合作制的具体设想时，这一精英集团的核心人物则表示目前没有时间考虑这一问题，而且时机不成熟，目前的工作重点仍然是如何推动企业的发展，“做大蛋糕”而不是“分蛋糕”。显然这与乡村精英集团存在代理资产扩张内在冲动进而获取更多资源支配权的利益诉求是一致的。的确，在目前胡桥工贸有限公司和园林绿化工程有限公司的产权体系下，农地入股是一个复杂的过程，这将涉及两个村办公司的整体产权改革，在这个过程中，农地、村里资金的投入以及乡村精英在其中投入的人力资本应该占多大的份额等，都是当前集体经济所有的农业产业化龙头企业改制所面临的难题。不少地区的实践表明，即使是股份化了，仍然无法摆脱精英集团控制经济资源动机的影响，级差地租的分配可能也不利于村民（刘守英，2002；刘愿，2008）。而且，目前的乡村民主往往也难以从长期解决这一困境。竞争性的精英集团可以利用国家规则在这一涉及乡村共同利益侵害的问题上进行挑战，即使挑战成功，可能在短期内在利益分配上照顾村民，但是依然会回到原来的老路。因此，胡桥村农地“返租”方式是否成功的关键在于，如何平衡乡村精英的资产扩张冲动和农户对农地收益提高的要求。这是这一农地流转机制发展的方向。

5.3 结论性评述

胡桥村的精英集团选择了绿化用苗木行业作为本村的主导产业，而这一农业产业化项目的特性表明在投入品购买和销售过程中存在明显的规模经济，种植过程的成本节约和质量提升更依赖于规模经济而不仅仅是过程可程序化的激励问题。因此，这一项目在契约形式的选择上倾向于要素契约。进而，该村及村办企业在农地流转制度上选择了农地“返租”的形式。尽管这一形式与国家规则存在冲突之处，但是乡村精英认为该村所选产业和实际情况与国家规则所强调的背景并不一致，显然规避这一规则对于乡村共同利益以及利益集团自身在经济资源控制上是有利的，从而乐意尝试这一农地流转形式。从我们的调研来看，为了尽可能避免与国家规则的冲突，精英集团利用较为规范的合同，通过较高的利益补偿和示范效应引导农户自愿参加，取得实现农地使用权的大规模集中和农户福利水平增进的农地流转绩效。应该说，胡桥村的实践表明，一刀切的制止农地“返租”这一形式的政策值得商榷。但是，也不可否认，国家规则的制订很难弹性化处理，因为一旦规则上存在过多的弹性，规则的执行、监督成本偏高，直接导致规则难以实现。所以，灵活性和僵化的一致性之间的权衡是国家规则制定的艺术之处。对于“返租倒包”问题，我们应该从农地“返租”形式存在的问题及其原因入手，寻求解决之道。我们认为国家规则中关于“自愿”的关键性原则是必须坚持的，决不能动摇的，目前在相关的各类案例中，除了一些粗暴的干涉之外，还存在对于一些形式主义的“自愿”，或者是通过“村民代表会议”等“合法”手段要求农户参与，国家规则应该在这一方面入手加以规范，而不是直接制止“返租倒包”这一具体形式。

农户的自愿与否实际上取决于农地流转收益的分配，而农地收益往往是动态的，因此，农户的“自愿”也是一个动态调整的过程。胡桥村在农地流转初期，根据当时的情况每亩补偿 600 元是合理的，参与流转的农户是自愿的。但是，就签订的合同来看，除了合同规定的 5 年期限之外，乡村精英集团实际上控制了农地在 5 年之后是否仍参与流转的权力，农户则因一个固定的租金放弃了所承包农地其他几乎所有的权利，特别是丧失了决定是否再次出租农地的权利。随着农产品价格的上升、国家惠农政策的实施，以及绿化用苗木行业的成功发展，农地收益逐步提高，而固定的租金支付制度显然不能再体现出农户的“自愿”原则了。但是，乡村精英出于经济资源控制权的最大化而没有足够的激励调整利益分配机制。尽管，部分地区农地入股的方式在一定程度上解决这一问题，但没有涉及这一问题的本质，即没有触及乡村精英在其利益诉求之下的行为规则，并没有赋予农户决定在租期到期后的农地流转决策权，甚至在一些地区中，“返租倒包”的期限更是长达整个承包期，那么，农户没有与乡村精英讨价还价的砝码。而目前的乡村民主也只是在短期缓解这一问题，即使竞争性的精英集团“成功”之后还是会很快回到原先的发展路径，这个问题可以追溯到国家规则、乡村精英和乡村社会的关系问题。所以，如何坚持“自愿”原则以及这一原则在动态发展过程中演变是农地“返租倒包”这一农地流转形式健康发展的关键，也是当前的理论难题。

6. 规模连片经营与土地使用权的集中

——基于粮源公司“中间人”制度的案例分析

通常，可以通过农地流转来实现土地使用权的集中进而实现规模经营。尤其是对种子繁育产业而言，必须连片经营、不能出现“插花”现象，因为种子质量非常重要，其他类型作物的临近，尤其是同种却不同型号作物的临近，会因为不同型号间花粉的传播而影响种子的纯度，甚至直接影响种子的基因构成。因此，土地使用权的集中似乎成为这一行业农业产业化的必然要求。但是，耕地集中往往面临诸多困难，比如受各种制度约束而导致流转不畅进而形成较高的流转成本，容易引发农户、村集体和企业等主体间的矛盾，“甚至可能造成土地兼并，使农民成为新的雇农或沦为无业游民，危及整个社会稳定”（中共中央 18 号文件，2001）。如何解决种子繁育的连片规模经营要求又避免土地使用权集中所形成的困难呢？这一困难不仅仅表现在种子行业，在很多其他类似的农业行业也存在。因此，这一问题的解决，对于理解和解决我国农业产业化和农地流转制度的矛盾有一定的意义。笔者通过对漯河市粮源公司的调研发现，土地使用权的集中并不是种子行业运行的必然前提。粮源公司通过引入“中间人”制度，在维持家庭经营的同时实现农地成片规模化经营，并在一定程度上化解了相关的契约性风险问题,降低了交易成本。本章先简单介绍行业背景和该公司的运作机制,然后根据交易成本经济学等理论分析该公司运行机制的合理性,最后做相应的评述。

6.1 案例分析

6.1.1 行业背景

随着经济社会的发展,消费者对农产品的品质需求呈现多元化,有些品质产生于种子的形成过程中,即使同一作物的种子因某种特性的不同也呈现不完全替代性的特点,偏离了完全竞争的种子市场,在专利制度等的保护下在一定期限内形成了所谓的垄断利润,激发了这一行业的发展。

种子行业往往经历如下四个环节。首先是种子研发阶段,由于不确定性很大,通常由不完全以利润最大化的科研院所完成;第二是原源种的购买,原源种价格很高,需要一定规模的资金;第三是种子繁育阶段,农地连片规模经营是种子繁育成功与否的前提,如何在户均耕地数量少的现实和分散的家庭经营农地制度上实现农地连片规模经营是关键的问题;第四是种子销售阶段,销售过程规模经济效应明显,通常存在规模门槛,如没有达到一定的规模,种子质量等方面的信誉问题很难令销售对象放心。因此,单个农户经营或者纯粹的市场交易过程不适用于种子繁育行业,研发、购种、耕种、销售环节上的垂直协调是必然的。

关键性的信息和知识决定哪一参与方在垂直协调过程中起核心领导的作用(Boehlje and Schrader,1998)。在这个垂直协调的过程中，销售商负责具体型号种子的推广和销售，相对于其他环节的参与者而言，与种子需求方的关系最为紧密，对关于种子特性有效需求(Effective Demand)的信息更容易获得，而这一信息直接决定耕种环节和购买原源种环节种子类型的选择。这一信息上的优势使得销售商肩负了原源种购买这一环节。此外，耕种环节也依赖于销售商对种子型号的选择。同时，尽管种子研发的不确定以及相应的技术、人力资本投入使得大多数销售商、尤其是中小销售商望而却步，但是，销售商基于有效需求信息的原源种类型购买意愿，直接影响着科研机构的研发方向。因此，由于销售商在整个行业中的信息优势和其他参与者在能力和意愿上的约束(如农户受资金、技术以及耕地细碎化的限制，科研机构往往不能完全追求利润最大化)，其在负责销售和购买原源种环节(即表现为种子公司)的同时，在整个垂直协调过程中起着核心作用。

6.1.2 粮源公司运作机制

粮源农业发展有限公司成立于1991年，它的前身是临颍县镇江农科所，经过16年的发展，成为如今的河南省粮源农业发展有限公司。目前，公司的总资产为1272万元，销售收入达2000多万元，现有员工42人，其中技术人员占职工总数的80%。此外，公司还拥有试验田50亩，种子繁育基地2万亩，是集科研开发、生产销售、技术服务为一体的科技型种子企业。

粮源公司目前的运营过程具体可以分为三个部分。首先，公司从农业科研院所购进优良品种的原源种，然后采取订单农业的形式，与一位农户(即“中间人”)签订合同，“中间人”组织其他农户参与种子繁育，保证参与农户用于种子繁育的耕地连片，负责生产过程中的统一协调，为了鼓励大规模经营，公司为连片一千亩以上的“中间人”提供一台播种机。然后，农户购买公司提供的原源种，其所购原源种的价格一般低于公司引进价，部分品种可以以赊欠的方式获得，从最后的种子款中扣除。公司提供技术服务（包括农药、化肥的种类和配比比例、施用时间等），由“中间人”协调、管理农户按照公司的具体要求进行耕种。最后，在成熟季节，公司按照高出该类谷物市场价（一般都有具体的日期，如麦子是当年的 6 月 1 日）的 10%—15%进行收购。“中间人”负责参与农户所繁育种子的收集和运输，并于合同规定期限将种子交予公司。公司对种子质量的检测分为两个部分：先是在繁育期间，派遣技术员上田头检查除杂等情况，颁发种子繁育合格证；然后是在收购环节，收购的种子分户储藏，进行室内检测。对于不合格的种子，公司一般不予收购。

农户收入为销售价减去耕种费用。相对于同类农作物的种植，收入的增加由两部分构成：一是原源种的产量比一般种子的产量高 5%，二是收购价提高 10%—15%，总收入的提高大致为 16%—20%（在种子质量合格的情况下）。“中间人”除了自己耕种的收益之外，获得每斤 2 分钱的中介费，但是需要负责田间技术人员的招待费用，因此，最终拿到中介费约为 1—1.5 分/斤。企业的利润则是种子市场销售价与相关成本和费用的差额。

在本章中，我们将粮源公司的农业产业化方式归纳为“中间人制度下的商品契约”。

6.2 粮源方式的理论分析

在本部分，我们首先基于理论篇中关于农业产业化垂直协调契约安排与农地流转的理论分析框架，讨论种子行业的特征，进而讨论这一行业在要素契约和商品契约上的优势以及面临的问题，最后重点分析中间人制度下的商品契约的理论意义。

6.2.1 种子行业产业化交易行为特征

根据我们的理论分析框架，垂直协调契约安排在一定程度上取决于这一行业的供求双方的交易特征。本节详细分析基于种子行业交易特征。

第一，种子行业的资产专用程度较高。首先，种子公司为了获得某种型号种子销售的垄断权（可能是区域性的），需要支付大量的投入，这一投入是完全沉没的、不可能转用于其他途径。其次，由于信息不对称，种子购买者（农户）往往不清楚具体型号的种子性能。种子公司在推广种子时，往往会在种子营销过程中投入大量的宣传费用，比如通过建立专门的示范基地来引导农户购买良种，由于特种型号的种子用途专用性很大，上述投入的资产专用性程度很高。最后也是最为关键的，是场地专用性，这是种子行业资产专用性的一个突出特点。在种子繁育阶段，连片规模经营是种子繁育成功的必然要求。连片规模经营有两层含义。一是通常意义上的规模经营，即平均成本或者收益因规模扩大而下降或者上升。这种规模经营主要表现在繁育过程中提供统一的服务以及种植过程中的具体协调。另一层含义是必须要求连片。一旦连片的土地确定用于种子繁育，对种子公司而言，任何地块都不能种植其他作物。因此，在规模经营和连片经营的约束下，场地专用性就产生了。[①] 因此，对于连片农地中的

① 以小麦为例，一旦破坏了连片性，导致种子质量不纯甚至完全不符合要求，通常只能作为普通小麦出售，价格远低于麦种，因此种子繁育的投入转为其他用途面临较大的损失。

某一块土地所有权(使用权)拥有者而言,可以以宣称改种其他类型种子来敲竹杠。特别是对于一些生产周期比较长的作物而言,有限理性的经济人对长期的预测能力弱于短期,契约的不完全性更为明显,敲竹杠者的机会主义成本更低了,企业自然面临更高的风险。所以,这种场地专用性导致特种型号种子的相关投入转为其他用途产生损失的可能性提高了,而且,这种损失是致命性的。

第二,在不确定性方面,不可替代性在这一行业也非常突出。结合特种型号种子用途的专用性,对于农户而言,种子的销售对象可能比较单一,一旦种子公司因为各种理由终止合同或者只履行部分合同条款,农户损失很大。以小麦种子繁育为例,不被种子公司收购的麦种只能当做普通小麦销售,价格低于麦种。另外,就需求方种子公司而言,这种不可替代性也构成对其稳定经营的风险。一旦签约农户因为各种原因不愿意提供种子时,种子公司寻找特定型号种子的供给是困难、昂贵的,甚至在短期内是不可能的,因为种子繁育至少存在一个生长周期。①

第三,在过程可程序化方面,在种子繁育阶段,尽管具体的田间流程,如播种时机、化肥农药的施用量和时机、除杂的时机等都有具体规定,但是上述工作不能完全由机械替代,相当一部分依赖于劳动力的投入。观测上述劳动力完成的能力,即过程可程序化程度并不高,如是否偷懒、是否均匀喷洒农药、是否按要求完成除杂情况等行为就很难观测到,即使可以观测到,也需要投入大量的

---

① 基于不可替代性发生的机会主义行为和结果的可分性有密切联系,我们将在下文论述结果的可分性。

监督成本。这些劳动力投入行为方式对种子繁育的质量和产量有重要的影响[①]，这种影响关系往往受到其他不可测的随机因素的影响，因此很难设计出完全契约来约束工作过程中的机会主义行为。所以，对于种子公司而言，种子行业的行为衡量成本偏高。

第四，结果可分性问题在种子行业比较特殊。就每个农户交货的种子质量和数量而言，种子公司衡量的成本很低；但是，如何确定具体田块的种子产量和质量的衡量却不容易。影响种子繁育质量和数量的其他随机因素很多，如阳光、雨水，甚至风向以及其他不确定性因素，所以，在有限理性假定下，种子产量和质量也是一个随机变量。一般的商品契约很难规定每块耕地的种子具体产量，即使规定了，也存在大量的免责条款。而这些免责条款对各种可能性的描述因为有限理性而不可能穷尽或者不可能非常清晰，造成了契约的不完全性。结合上文提到的需求方特定资产专用性，当某一型号种子畅销时，农户可以利用契约的不完全性或者较低的违约成本而转售予其他需求方。[②] 相反，农户在种子滞销时也面临着特定资产专用性的风险，因为农户在质量的衡量上没有自主权，为了确定其种子的质量，往往需要求助于公共机构，如政府性质的种子质量检测机构，这可能需要大量的成本，因此，他们极有可能在滞销时遭受因为种子公司根据质量条款进行机会主义行为而造成的损失。

---

① 我们在调研的过程中发现，种子公司的负责人非常强调种子繁育过程中的责任心的作用。这实际上在强调对劳动投入绩效的衡量和激励问题。

② 比如，粮源公司在运转初期，曾与一农场签订种子购销合约，该农场在最后交货时要求加价，为了避免更大的损失以及诉诸法律的高昂成本（包括物质和精神上的成本），粮源公司被迫接受40%以上的加价。

所以，种子行业的资产专用性很高，尤其是场地专用性问题非常关键；不可替代性给交易双方带来明显的不确定性；过程可程序化程度仍较低，而结果可分性对于交易双方在不同情况下是不同的。因此，对于这一行业而言，纯粹的要素契约或者商品契约都不一定是合理的契约安排。

6.2.2 契约选择：中间人制度和农地流转

根据已有研究，我们不妨把农业产业化的契约选择分为要素契约和商品契约两种类型（周立群和曹利群，2002），即对应于种子公司面临自己生产还是从农户购入种子的选择。就要素契约而言，种子公司的具体运行机制为：根据预期的种子销量，承包耕地，即通过农地使用权的流转实现耕地集中，购买原源种，然后雇工经营，支付工人工资（工资可以是固定工资或者是绩效工资），最后出售繁育的种子，进入下一期循环。而一般的商品契约则是种子公司和农户签订合同，农户购买原源种并负责耕种，种子公司提供耕种过程中的技术指导和服务，最后根据协商的价格和数量从签约农户处购入质量合格的种子。本章将要重点分析的是商品契约中的一种特殊形式，即背景介绍中提到的"中间人"制度。就垂直紧密程度而言，要素契约的紧密度最大，"中间人"次之，订单农业形式的一般商品契约紧密度最低。

一般而言，要素契约有利于解决因为资产专用性而产生的敲竹杠问题，而商品契约往往赋予生产者以剩余索取权，从而有效地解决了高行为衡量成本的激励问题。就本章所分析的行业——种子行业而言，同时并存高资产专用性程度和高行为衡量成本，而结果可分性的复杂性进一步导致了契约类型选择的困难。

场地专用性在种子行业资产专用性中居于核心地位，对于土地规模化经营的地区或国家而言，这一专用性的解决并不困难，但是，在我国当前农地制度的背景下，耕地细碎化程度较高，场地专用性问题变得非常突出，种子公司必须围绕这一核心问题进行契约的选择和设计。显然，种子公司通过要素契约租赁农户的土地使用权而避免在一般订单农业中可能发生的敲竹杠并获得规模效应。当然，企业在租赁农户土地使用权时，而且也面临类似商品契约下单块土地使用权所有者的敲竹杠风险，但是在要素契约下，种子公司在没有签署租赁合约下的物质性专用投资要远低于商品契约下的投资，因此前者的损失也小于后者。但是，企业在租赁农地时也存在很大的交易成本，与单个农户进行签约的交易成本更大。尤其是在非农就业机会并不充分的农村地区，对于一个企业特别是没有政府背景以及足够财力的中小企业而言，完成连片成规模的农地租赁几乎是不可能成功。通常，企业会选择同村集体合作，由村集体出面集中土地使用权，再与村集体签约，如常见的村集体的反租倒包形式或者两田制中机动田的承包等。所以，这一方式可实施性的前提在于村集体有足够的力量组织这一活动或者有一定存量的机动田，即前提是土地使用权的集中。同时，在一般商品契约下存在的种子行业中特定资产的专用性问题和物质资产专用性问题都将迎刃而解了。但是，在要素契约下，很高的行为衡量成本增加了要素合约的运行成本，而订单等形式的商品契约却能有效地解决这一问题，中国的家庭联产承包责任制在改革初期所释放的巨大生产力就是很好的证明。在结果可分性上，具体交货数量和质量的确认成本很低，有利于商品契约的实施，而在合同规定具体的产量及执行合同时的不确定性造成了结果可分性程度降低，恶化了特定资产专用性的风险问题。因此，企业面临减少资产专用性带来的风险、减少行为衡量成本、减少结果衡量成本三者间的权衡问题。

根据以上的逻辑，鉴于场地专用性的关键地位，种子行业在土地使用权集中难度较大的地区难以产生和发展。但是，我们关于粮源公司的调研结果却否定了这一推断，其特殊的"中间人"制度在减少上述成本中发挥了比要素契约和一般的商品契约更好的作用。

首先，在这一制度安排下，粮源公司通过与"中间人"签约，由"中间人"保证"土地连片成规模(500 亩以上)"，并由其负责组织协调生产。因此，粮源公司把场地这一关键的资产专用性风险转移给了"中间人"。这一风险的转移，企业承担了付给"中间人"每斤种子 1.5 分左右的成本(扣除了"中间人"需要承担的"招待费")。而对于"中间人"而言，其对这一风险并不敏感。根据我们的实地访谈发现，"中间人"通常在一个村组中具有较高威信和"一呼百应"式的组织能力，而 95%以上的村民认为这种威信和组织能力来源于"中间人"的诚信。农户对企业因为特定资产专用性的机会主义行为的担心可能不愿意与企业直接合作，而中间人的信誉起到了对粮源公司信誉担保的作用，因此，中间人比企业更容易组织农户接受种子公司的订单，参与种子的生产，进而比企业更容易使农地实现连片规模化。同时，"中间人"和参与农户之间往往都是亲戚和要好的朋友关系，参与农户在场地专用性上敲竹杠行为的机会成本比较高。原因在于，第一，我们在访谈中发现，农户注重维护自身在村庄里的诚信形象，村庄内部的交易双方的关系是多面和长期的，不以一次交易计算得失，另外还涉及货币之外的情感、依赖等关系，至少不会“明目张胆”地通过欺骗获取利益，而与“村庄之外的人打交道”，也不会存在“能占便宜就占便宜”的倾向，因此他们一般不愿意失信于本村的“中间人”；第二，“中间人”作为乡村精英，其强势地位往往使其在村民的日常纠纷解决中承担重要的裁决者的角色，而在村庄内部，农户之间的日常生活交往可能要比城市居民更为频繁，容易引发各种纠纷，显然，农户不会因为一次性的“敲竹杠”得利而得罪“中间人”。因此，即使在土地使用权并未集中的情况下，通过“中间人”组织可以有效地解决场地专用性风险，而这一问题的解决直接动摇了要素契约合理性的理论基础和现实基础。

第二，再来分析要素契约合理性的另一个重要基础，即不可替代性和结果的不可分性所带来的风险，这也是大多数农业产业化项目尤其是订单农业面临的风险。这一风险也能在一定程度上通过“中间人”加以化解。就企业这一需求方而言，为了避免农户利用企业需求的不可替代性或者利用结果的不可分性而在交货时采取机会主义行为，粮源公司采取代号策略，即不告诉农户种子的具体型号，而只是给农户一个公司内部决策者商定的代号。这样，农户不知道自己所种种子的型号，无法将种子出售于其他购买者，从而增加了农户的特定资产专用性且无法实施机会主义行为。但是，代号策略能够实施的前提在于农户的信任，不然农户不可能去和种子公司签一份连种什么都不知道的合约，因为这样的合约一旦发生纠纷，交易成本极高，尤其是对在信息不对称中处于不利地位的农户而言，成本太高。而“中间人”的参与解决了农户对公司的信任问题，从而在一定程度上化解了农户对种子公司采取机会主义行为的担忧。同时，在一般情况下，“中间人”也有足够的激励去维护农户的利益，尽可能地避免种子公司利用契约上关于质量、不可测因素等不完全性而采取的机会主义行为。首先，从支付结构来看，“中间人”的收益与其所销售的种子成正比，因此他们会尽可能地帮助农户销售种子；其次，“中间人”的威信来自其诚信，而这种威信能够给其带来有别于一般村民的收益，因此，他也有一定的激励去维护农户的利益，维护自身的形象。

第三，在“中间人”制度安排下，粮源公司并不负责具体的耕种，种子繁育的具体过程仍由原土地使用权承包农户生产负责，仍然以家庭为单位进行生产经营，这类似于订单农业。根据最终交货的质量和数量的高结果可分性，农户的努力程度与其产出密切相关，这有效地化解了要素契约下行为衡量成本偏高的问题。同时，“中间人”则在粮源公司的指导下统一组织农户的生产活动，有效地满足了规模经济的要求。

最后，在“中间人”制度下，还存在企业和“中间人”之间的交易成本问题。“中间人”取代单个农户，作为农户的代表与粮源公司签订契约，粮源公司除了支付每斤1.5分的成本之外，也面临着可能出现的“中间人”的敲竹杠问题，比如“中间人”要求加价等，因为即使采取“代号”策略，由于“中间人”与粮源公司之间的频繁交往，如与企业技术人员在生产耕作方面的合作，基本上知晓具体型号，因此代号策略并不能增强“中间人”投入的资产专用性。我们在调研中发现，一些“中间人”都曾受到过其他种子营销商的“利诱”。因此，“中间人”与种子公司的管理人员之间往往不单单是交易关系，而且是亲戚、朋友或者同学关系，基于这些关系之上的信任有助于降低交易中机会主义发生的可能性。根据我们的调研，并没有发生过“中间人”被“利诱”成功的案例。

6.6.3 绩效评价

不难得出,“中间人”制度是粮源公司在各种现实约束下最小化交易成本(包括行为衡量成本和结果衡量成本)的选择。粮源公司也因此从一个原先的乡镇小农科所发展成为年销售收入超过两千万元的专业种子公司,先后引进了高产多抗早熟新品种 56 个,公司与 6 个乡镇的 4000 多个农户签有常年合同,每年生产种子 600 多万公斤。“中间人”制度有效地保证了公司的种子需求,从而使公司在销售方面有足够的实力和精力开展大量的基础性工作,产品的销售网点逐步铺开,年销售收入以 30%的速度递增,产品销往河南、河北、山东、安徽、江苏、湖南、湖北、山西、四川、广西等 10 多个省区,并带动了相应的化肥农药的销售,共售出各类农药 2 万多箱,实现利税 307 万元。公司引进的优良品种累计种植面积 500 万亩,使 10 万农民增收 2.5 亿元。

就“中间人”而言,除了自己承包地的收入之外,还通过组织协调工作获得了相应的报酬,一个负责连片规模经营达 1000 亩地的“中间人”,其根据种子的提供量可以拿到 5 千到 1 万元的提成。而对于参与该项目的农户而言,根据我们的问卷调研结果,96%以上的农户认为参与该项目之后收入提高了,52%的农户对与粮源公司的合作感到非常满意,46%的农户表示基本满意,除了一个没有回答之外,没有农户感到不满意或者非常不满意的。而且,粮源公司在“信息提供”、“技术培训”、“种苗提供”、“农药化肥的统一供应”和“统一收购”方面向农户提供的服务得到了认可。

但是,就集体经济而言,根据我们的调研,通过与临颍县实行村集体土地承包权反租的“胡桥方式”、实行完全集体化的“南街村方式”比较发现，这些既没有非农产业、也没有在土地使用权集中上做文章的村集体，集体经济弱小，如我们调研的王岗镇赤里岗村，几乎没有村集体收入，负债35万，村干部的工资由县级财政拨付，2007年村里公共支出为2万多元，其中招待费用四千多，办公费用两千多，用于公共基础设施建设和农户福利水平提高的支出微乎其微。目前，国家为了保护农民利益，禁止向农户以各种名义集资、摊派，县级财政支付能力有限，这一类型的村级公共服务存在很大的问题，比如该村进村的道路多年失修，村里没有钱，而又不敢冒政策风险向农户集资（尽管农户有这个意愿）。

6.3 结论性评述

种子行业的场地专用性、特定资产专用性和结果可分性的复杂性等问题构成了要素合约合理性的理论基础和现实需求。在我国当前的农地制度下，要素契约的实现依赖于土地使用权走向集中。对于缺乏资金和政府支持的中小企业而言，在部分村级集体控制力较弱的农村地区，这一农地集中租赁的交易成本很高，同时难以解决好激励问题。在本章的案例中，粮源公司通过引入“中间人”这一契约安排，将种子行业的部分资产专用性风险转移给对这些风险并不敏感的“中间人”，从而在实现连片规模经营要求的同时避免农地流转产生的成本和其他社会问题，同时兼容了商品契约下的激励作用，化解了供需双方特定资产专用性风险。这一相对于一般的要素契约和商品契约而言更节约交易成本的契约安排，实现了企业、中间人和农户三方共赢的局面，并完全尊重了农户自主选择的意愿。但是，这一契约安排也存在一些缺陷，比如我们在调研中发现当地农户兼业现象非常严重，村集体的公共支出陷入困境等。

这一案例的契约安排在理论和实践上最大的指导意义在于，反驳了“连片规模经营一定要土地使用权集中”的观点。种子行业对连片性的特殊要求，更强化了这一反驳的力度。当然，本案例的契约安排也有其适应性条件。比如在非农就业机会高的发达地区或者集体控制力强的村庄，农业产业化龙头企业资金实力雄厚或者具有政府背景，其土地使用权集中的交易成本不高，要素契约可能更有利于节约交易成本。另外，在本案例所涉及的地区，农地细碎化程度低于上文所引用的文献的数值，在 1998 年的调整之后，当地平均每户承包耕地 7.32 亩，块均耕地 2.92 亩，因此也降低了“中间人”与农户间的协商成本。此外，信誉是“中间人”制度顺利运行的关键，而这种基于人格化关系的契约安排一旦放置于更大规模的企业中，可能就失效了。所以，任何一项合理有效率的契约安排都是在一个既定的约束条件下的最优反应结果，而不同的约束条件会产生不同的最优反应。本章的案例对于类似地区和行业而言，具有一定的借鉴意义，但是考虑到中国地域辽阔，地区差异明显，在探索农业产业化和农地流转健康发展的过程中，各地区一定要因地制宜，在尊重农户权益下，根据具体的产业选择合理的契约安排，实现农户、企业和地区发展的多方共赢。

7. 对宁夏平罗土地信用合作社实践的思考

为了解决规模化经营与土地分散化的矛盾以及土地承包经营权流转过程中因为程序不规范引发的诸多纠纷,维护农民合法权益和农村社会稳定,我国涌现了各种土地承包经营权流转制度的创新,比如本章讨论的土地信用合作社。从目前的情况来看,宁夏平罗县的实践最为典型,并引起了各方关注。本章将在介绍其基本运作机制后,结合农业产业化与土地信用合作社发展之间的关系,分析这一土地承包经营权流转制度创新所存在的问题和发展方向。

7.1 土地信用合作社案例介绍

自 2006 年正式成立姚伏镇小店子村土地信用合作社以来,这一组织在平罗县发展迅速。到 2008 年 5 月,该县共挂牌成立农村土地信用合作社 30 个,共存贷土地 9.6 万亩,涉及农户 1924 户,实现存地收入 190.55 万元,转移劳动力 2530 多人。[①] 在土地信用合作社不断推广的同时,其形式和内容也不断规范化,形成了

① 《平罗县农村土地信用合作社试点工作经验介绍》(内部资料)。

明确的经营宗旨、经营范围、经营原则、审批机制、治理结构和分配政策。

7.1.1 土地信用合作社基本情况[①]

首先，从经营宗旨来看，合作社不以利润最大化为目的，而是以促进土地承包经营权有序流转和规模经营、实现农民生产和生活方式转变为途径服务于“三农”。

其次，从经营范围来看，限于农村土地承包经营权、集体土地使用权流转，与本章研究相关的，主要涉及农村土地承包经营权依法转让、托管、转包、互换、出租、承租、转租的服务和农村土地适度集中、整理、开发、规模经营。

第三，就经营原则而言，以保护农民的合法权益和保障农民收益为首要原则，遵循依法、自愿、有偿和在同等条件下集体经济组织内部成员优先的原则，不改变农民的土地承包经营权、土地性质和用途，存入的土地可以依法继承与转让。

第四，具体的审批过程如图7—1所示：第一步是申请，由村委会向所在乡镇政府提出农村土地信用合作社的申请；第二步是审核，乡镇报县主管部门，由相关部门进行审核；第三步是审批注册，审核通过后由乡镇以文件的形式向县政府申报审批，根据批复文件去工商或者民政部门注册；挂牌成立农村土地信用社后，开始进入经营阶段。

---

① 本部分内容主要参照内部资料：《平罗县农村土地信用合作社试点工作经验介绍》（内部资料）。

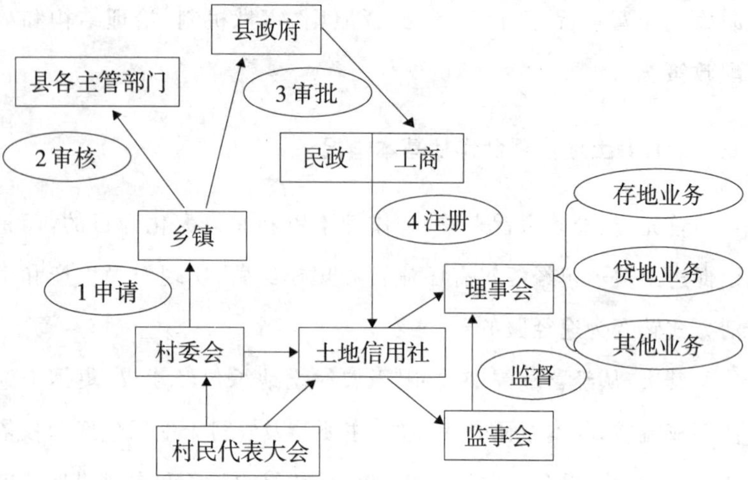

图7—1　土地信用社的审批机制和治理结构

第五，就治理结构而言，根据黄渠桥社、灵沙社等社的章程，土地信用合作社的最高权力机构是村民代表大会，负责制定和修改章程，审议和批准该社的发展规划、经营方针、投资计划、选举、更换理事和监事；审查批准理事、监事的报酬管理制度；对本社的分立、合并、解散和清算等重大事项做出决议；决定企业增加或减少注册资本以及其他重大事项。在运作中须建立理事会和监事会，均向村民代表大会负责。理事会是村民代表大会的执行机构，对村民代表大会负责，履行管理经营职能，负责具体的存地、贷地以及土地整理、改造等延伸业务。农户将土地承包经营权存入到土地信用社，与土地信用社签订规范的存地合同书，并获得存地证书和存地利息；贷地方（大户或者企业）与土地信用社签订贷地合同，缴纳贷地利息，土地信用社则获取存贷差额部分作为收入，存贷差额通常是每亩10元。章程还对理事成员的选举和理事长的权限做了明确的规定。监事会及监事由村民代表大会选举产生，监事会主席由监事会选举产生。监事会监督理事会履行职责情况，检查监督本社的财务管理和活动，受理投诉、接待来访，对理事、理事长、管理人员执行本社职务的行为进行监督，对违反法律、行政法规、企业章程或村民代表大会决议的理事、理事长、管理人员提出罢免提议等。

最后，关于土地信用合作社的分配政策，根据《平罗县灵沙乡灵沙土地信用合作社章程》，在存地农户取走存地利息之后，土地信用合作社根据存贷差额除去必要运作成本之后的利润分配遵循如下的顺序：首先是弥补以前年度亏损；其次是提取盈余公积金，法定盈余公积金按税后利润(减弥补亏损，下同)不低于10%的比例提取，法定盈余公积金累计达到注册资本的50%时，可不再提取；然后是提取公益金，公益金的提取比例原则上不超过法定盈余公积金的提取比例；最后剩余部分作为村级集体经济收入，用于公益事业建设。

7.1.2 土地信用合作社的特点

根据平罗县农村土地信用合作社的基本情况，可以总结出如下几个特点：

第一，土地信用合作社的本质是土地承包经营权流转的交易平台，规范土地承包经营权流转，特别是为农地集中提供了很好的渠道。但是，土地信用合作社几乎没有涉及任何与金融相关的业务，尽管在部分村庄土地信用合作社章程中涉及存地证可抵押等条款，但并没有实际的运作。因此，土地信用合作社实际上是土地承包经营权出租者和租入者之间的中介组织，促成流转业务规范完成，并不是通常意义上的金融机构。而之所以目前采用土地信用合作社的称谓，可能一方面是出于为未来金融方面创新作铺垫，另一方面则主要是由于这一中介组织在土地的存贷过程中发挥的作用类似于一般金融机构在资金的存贷过程中发挥的作用。

第二，土地信用合作社的运作主体是村委会。作为村民代表大会的具体执行机构，村委会的作用一直伴随着土地信用合作社从申请成立到具体业务开展直至消亡的每一个阶段。除了上文所提到的关于土地信用合作社注册过程中村委会所要承担的工作之外，信用社所存贷之地也需要经村委会的认定方可进行该项业务，关键的人事问题——理事长和监事长基本上分别由村委会书记和主任担任[①]，村社基本上合一。而且从规模连片的角度来看，也需要村委会的介入。作为一个土地承包经营权流转的中介组织，其注册、运行的过程需要一定的沉淀成本，而边际成本比较低，存在规模收益递增的现象，所以需要达到一定的规模；而且，对于土地需求方而言，往往要求土地是连片的，在土地零碎化比较严重的情况下，土地连片必然涉及地块调整等。显然，无论从权威还是从土地所有权的角度来看，村委会是解决上述问题成本最小化的主体。所以，土地信用合作社这一方式是基于村集体以及地方政府机构形成的中介组织介入型土地承包经营权流转制度的创新。

第三，土地信用合作社尽可能与国家规则保持一致性。就目前的各土地信用合作社章程来看，均明文规定遵守《中华人民共和

① 在目前30多个土地信用社中，仅有黄渠桥镇万家营子土地信用合作社的理事长不是村支书或者村主任，而是由贷地方担任。

国土地管理法》和《中华人民共和国农村土地承包法》等涉及农地制度的法律规定，特别提出要保持农民土地承包权的稳定，以及集体土地存入和贷出要严格执行土地利用总体规划，不得擅自改变土地性质，不得擅自改变土地用途。作为集体主导型的土地承包经营权流转制度创新，土地信用合作社面临着如何协调各主体在土地承包经营权流转过程的利益分配问题。解决上述问题，土地信用社提出了存贷自由、坚持农民自愿的原则，农民自愿则表明农民认可信用社章程规定的利益分配，自然也不会产生农民利益受损的问题。当然，在所有集体主导型的土地承包经营权流转中，几乎都强调农民自愿的原则，但在具体运作过程中仍会出现损害农民利益的现象，这也是 2001 年中央 18 号文件不提倡集体主导型土地承包经营权流转的主要原因。的确，每一个村民自身利益最大化的行为和集体利益最大化的行为不可能完全一致，如果再加上集体代理人村委会相关成员利益最大化与集体利益最大化行为的不一致性，几乎难以保证集体主导型的土地承包经营权流转能够完全体现所有农户均自愿的原则。对于第一种情况，可以通过将帕累托改进的利益再分配，如补偿受损者来实现“有条件”的自愿；而对于后一种情况，土地信用合作社的做法则是强调村民代表大会的权威性，它是土地信用合作社的最高权力机构，职责涉及章程制定、人事任免、发展规划以及财务管理等，从而尽可能地维护集体利益。此外，土地信用合作社非常注重土地经营权流转有序、规范地推进，整个土地信用合作社的运行公开透明，避免出现“暗箱操作”，从而尽可能避免代理人选择与集体利益不一致的某些机会主义行为。通过上述努力，土地信用合作社这一制度创新做到了尽可能与国家相关的法律、法规以及党的政策、文件保持一致。

最后，地方政府在土地信用合作社的成立和推广过程中起主导作用。首先，土地信用合作社这一土地承包经营权流转制度创新的本身是由平罗县地方政府推动的，对土地信用合作社性质的认识、具体的规范以及获取上级政府的认可也都是由平罗县地方政府完成的。其次，在土地信用合作社成立的过程中，地方政府居于主导地位，在具体的申请、审核、审批以及注册过程中，都由地方政府中的相关部门负责。最后，在推广过程中，地方政府身体力行，通过召开村民代表大会、印发宣传手册、制作电视专题片等进行广泛宣传；实行政策、资金的“双扶持”，包括工商、税务部门对土地信用合作社税费减免、给予新成立的土地信用合作社 3—5 万的启动资金等；将土地信用合作社试点工作纳入乡镇工作考核，并设立单项奖，给优秀土地信用社以物质奖励。地方政府的主导作用一方面有利于土地信用合作社规范有序的成立和经营，且政府的公信力有助于存地农户和贷地方形成稳定的预期，促进土地信用合作社经营规模和土地承包经营权流转规模的扩大；另一方面，政府的介入可能会为一些公权侵犯私权的行为提供空间，容易出现急躁冒进等问题，尽管没有证据表明在平罗县出现这一问题，但是根据其他地区的实践，这一问题还是需要警惕的。

综上所述，平罗县试点的土地信用合作社实质上是遵循国家规则的、由地方政府推动的且需经地方政府审批注册的、基于村委会机构形成的土地承包经营权流转中介机构。最后，根据杨扬(2007)的研究，土地信用合作社不同于一般意义上的合作社，也不同于股份合作制，更不同于传统的返租倒包、两田制等方式，是基本上符合中国农村土地制度发展方向的一次农村土地承包经营权流转制度的创新。

7.2 农业产业化和土地信用合作社之间的关系

根据上文关于土地信用合作社的基本情况和特征的表述，本部分将具体讨论土地信用合作社的具体运行过程和农业产业化之间的关系。

7.2.1 以贷定存

在运作过程中，土地信用合作社作为土地承包经营权流转的中介机构，具体流程是吸收“存入”土地(承包经营权)，并经过整理形成连片，再“贷出”土地(承包经营权)。[①] 但是土地不同于一般等价物的货币，尤其是本书的研究对象农地，使用价值仅限于农业耕种，需求方远比货币需求方要单一，实行一般农村金融信用合作社那种以存定贷经营方式的风险很大。[②] 一旦因为缺乏需求方而无法贷出，则土地信用合作社会在没有贷地费的同时须支付存地费而导致亏损。因此，在一定程度上，土地信用合作社得以运作的前提是存在贷地方和明确的贷地需求，包括具体的数额、地块等。所以，目前土地信用合作社的经营方式实质上是以贷定存，其实际

① 本章的“存地”、“贷地”均指农村土地承包经营权的“存入”和“贷出”。

② 本章讨论的土地信用合作社经营耕地或者耕种用荒地，不涉及农村中的非农用地。

成立与运作过程如图7—2，即先有贷地需求，再成立土地信用合作社，吸收存地、整理连片，最后贷出。

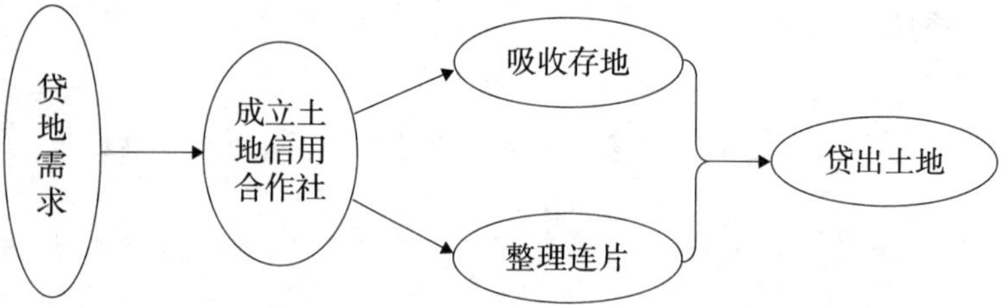

图7—2　土地信用社的运作过程

在以贷定存的方式下，贷地需求是整个土地信用合作社成立并成功运行的起点，进一步，鉴于土地信用合作社成立并运转的固定成本，零散的小规模贷地需求无法达到规模经济的临界值，因此，形成一定规模的贷地需求是前提。显然，传统的农户经营方式无法形成大规模的贷地需求，也可能无法承担贷地费，而参与农业产业化的农业企业或者经营大户，特别是要素契约指向的农业产业化项目，才有可能产生大规模的贷地需求。所以，促进农业产业化项目的建设是以贷定存经营方式成功运行的关键。从平罗县目前几个运转较为成功且被立为典型的土地信用合作社的实践来看，贷地需求方均从事农业产业化项目。如姚伏镇小店子土地信用合作社的理事长叶立国（小店子村村长）从信用合作社共贷地2200亩，并与宁夏泽丰种业有限公司等两家种子公司合作搞水稻育秧，示范推广水稻种植新技术，形成规模化、产业化、机械化种植方式。[①] 此外，该县黄渠桥镇万家营子土地信用合作社理事长刘学贵从该社贷地360亩建立和盛园花卉园林实业发展公司，发展

① 《姚伏镇小店子土地信用合作社简介》（内部资料）。

苗木花卉产业，培育松柏、云杉、丁香、碧桃、月季等 28 个品种 3700 多万株花卉苗木。[1] 育秧产业和苗木花卉产业在一定程度上均是要素契约指向型的农业产业化项目。

在以贷定存的方式下，引入外生或者培育内生贷地需求方，即发展农业产业化项目才能在存贷平衡中促进土地存贷规模的扩张。而且，贷地费高于存地费也是必要的前提，故农业产业化项目必须是高效益的，其收益要高于农户自耕的净利润，才能从根本上保证农民的存地费受益和农民的其他利益，也使得土地信用合作社得以运转和可持续发展。因此，土地信用合作社的推广一定要重视上述两个必要的条件。

这给出了土地信用合作社的适用条件，这对于政府推动型的制度创新而言，是非常值得讨论的。就企业的自主行为来说，不具备上述条件意味着无法获取利润，企业自然不会参与；而土地信用合作社是地方政府积极推动的且本身不以利润最大化为目标，极有可能存在不顾及适宜条件而过度推广、规模过度扩张的情况。首先，土地信用合作社作为当地的一项制度创新，一定程度上成为地方政府的一项政绩，追求政绩最大化的天性会产生过度推广这一形式的冲动和实际行为；其次，作为村级集体的代表——村委会而言，土地信用合作社的成立，一是增加了村级收入，二是获得了存入土地的经营管理权力，即为财和权的同步扩张，而义务和责任并没有相应增加，显然，也有存在过度推广和扩张的激励。因此，作为土地信用合作社审批、注册的管理主体——地方政府和作为土地信用合作社的申请方以及实际运营主体——村委会均存在同

① 《黄渠桥镇万家营子土地信用合作社简介》(内部资料)。

一方向的激励，可能会导致过度申请和过度批准进而产生土地信用合作社的过度推广与规模过度扩张并无暇顾及土地信用合作社的适宜条件和可持续性的问题。

在平罗的实践中，从目前的扶持政策来看，主要集中在土地信用合作社成立的物质和精神支持上。根据《关于推进农村土地信用社建设的通知》和《平罗县农村土地信用合作社试点工作经验介绍》，优惠政策包括经济政策方面，如工商、税务对土地信用合作社实行免税优惠政策、政府承担土地评估费用、免费处理法律纠纷问题、由县农村经营站代表县人民政府对每个土地信用社出资入股5万元作为企业的启动资金并在企业成熟有赢利时退出等；政府考核方面，如把土地信用合作社试点工作纳入乡镇目标管理考核。上述政策可以促进土地信用合作社的发展，解决其在运行初期缺乏资金的困难，特别是对于一些已具备条件的地区而言，意义重大。但是，与基层乡镇政府的目标管理考核结合起来，也有可能使一些并未具备条件的地区在相应的资金支持下设立土地信用合作社。而且，从农村信用合作社的考核来看，除了对规范性的考核之外，在经营管理方面，也是一种重规模而轻效益的考核体系，根据《平罗县农村土地信用合作社考核验收方案》规定，涉及规模的条款主要是“存入耕地每100亩加1分，存入荒地每100亩加0.5分，贷出耕地每100亩且亩均实现经济收入不低于10元加1分，贷出荒地每100亩且有经济收入加0.5分，土地信用合作社每增加纯收入1万元加3分”，存贷规模越大，考核得分越高，体现了规模与得分之间的正比例关系，但是缺乏体现效益和得分呈正比例关系的条款。即使与这一原则最接近的条款“土地信用合作社发展规模化优质、高效特色种植、养殖业，每有一项且年经营毛收入达到 50 万元加 5 分，达不到不加分。在 50 万元基础上，每增加 10 万元加 1 分"，也只是规定了总收入和得分之间的正比例关系。一方面只是考虑总收入，而没有考虑利润等效益指标，而且没有考虑亩均收入这一更能体现优质、高效特点的指标，而总收入和土地存贷规模之间一般存在正向关系，因此这一条款本身也是对土地存贷规模扩张的激励；另一方面，从整个考核体系来看，前一条款的得分要比后一条款的得分更容易获得，且在得分数上也远超过后者，故前一条款在考核体系中的重要性远远大于后一条款。这种重规模轻效益的考核体系可能会对土地信用合作社在规模上过度扩张提供了激励。

这种缺少高效农业产业化项目支持的过度推广和规模的过度扩张，可能会产生类似其他集体主导型土地承包经营权流转制度创新过程中出现的问题。没有高效农业产业化项目的支持，在过度扩张的情形下，农地集中经营相对于农户分散经营的规模经济优势难以体现，则土地承包经营权流转无法真正实现农地资源的优化配置，即无法实现帕累托效率改进，反而因为流转成本导致帕累托效率受损。那么，参与土地承包经营权流转的农户亦无法实现帕累托效率改进，从而无法保证其自愿性，进而与关于土地承包经营权流转的国家规则相冲突，直接影响着土地信用合作社这一制度创新成功与否。

上述条件也表明，推广土地信用合作社的政策着力点在于培育和发展高效的农业产业化项目。农业是一个高风险的产业，农产品价格极容易受到气候、市场条件的影响而波动，而且农业项目一般因为农产品自然生产周期较长而难以对市场波动做出即时反应，转产的沉淀成本也很大，因此从事农业产业化项目的贷地方的收益稳定性不高，存在明显的资金缺口周期，从事农业的收益很大程度上依赖于较长时期内的平均利润。比如姚伏镇小店子土地信用合作社的贷地方，在2007年因为水稻减产而在支付贷地费后没有任何利润，却又面临下一年的贷地费支付以及生产投入等，资金非常紧张，更无法扩大经营规模。从事工业、商业等项目的企业取得土地（非农建设用地）使用权后，可以以之为抵押获得商业银行的贷款，然后利用贷款建成厂房、购置设备后以厂房、设备为抵押物继续获得贷款等；而根据国家法律的规定，土地信用合作社的贷地方无法利用支付贷地费后获得的农地使用权作为抵押获取贷款，即基本上不可能依赖商业银行贷款来解决资金不足问题，更不可能依赖商业银行的贷款来平抑资金缺口周期。因此，地方政府可以考虑从这一角度尝试制度创新，克服农业产业化项目资金缺口周期性表征明显的困难，将引导和鼓励金融保险和科技等市场主体参与农业产业化经营、支持农产品精深加工、培育优秀农业品牌、完善农产品流通体系、健全农业社会化服务体系等措施和土地信用合作社的推广结合起来，从而为实行"以贷定存"经营方式的土地信用合作社的可持续经营和发展奠定坚实的基础。

7.2.2 以存促贷

尽管目前土地信用合作社的运作方式是以贷定存，但是若没有存入的土地，土地信用合作社亦无法成立，更不可能运转，也就无所谓贷地了。存地自愿是土地信用合作社运行的最基本的原则，也是与国家规则尽可能保持一致的最关键原则。因此，提高农户的存地意愿，促进土地信用合作社的规模扩张，对于满足农业产业化项目贷地需求、实现以存促贷意义重大。

从根本上讲,提高农户存地意愿可以通过扩大农户的非农就业,提高单个农户在零碎化小面积土地上耕作的机会成本,保证农户的存地费不低于其自己耕种的利润所得[①]并为农户建立必要的社会保障等措施。同时,这也表明了这一方式适宜于非农就业机会充分的地区或者人均拥有土地量较多的地区,平罗县在一定程度上具备上述两项条件:非农产业发展迅速,2006 年二三产业的比重达到 80%,农村劳动力非农就业比例达到 51.6%,农民人均纯收入的 1/3 以上来自非农活动,人均耕地面积也较大。而较多的人均耕地面积使农户可以保留部分耕地用于自己耕种,解决了部分社会保障所要承担的任务,而且该县在 2006 年将人均纯收入低于 683 元的农户全部纳入最低生活保障范围,降低了农民对土地的生活保障功能的依赖程度。[②] 为了推广土地信用合作社,平罗县地方政府在这一方面做了大量工作,促进了土地信用合作社存地规模的扩大,进而满足了贷地需求。但是,仍需要注意以下几个问题。

首先,在以贷定存的经营方式下,对于地方政府推动、集体主导型的土地承包经营权流转制度创新而言,可能会出现以"贷"为中心而忽视了对农民权益的保护,甚至以欺骗、威胁等手段强行要求农户存入农地等现象。如何在制度上对这些违法行为加以规制、完善土地信用合作社运行制度是这一制度创新推广的必要前提之一。

---

① 此处是指机会成本意义上的利润所得,扣除了农户生产资料投入和劳动投入的成本,劳动投入的成本以非农就业机会的工资衡量。

② 本部分数据引自杨扬(2007)。

其次，在一些细节上还有待进一步的完善。比如，在我们的调研中发现，农户对存地费议定上有异议，主要是在一个土地信用合作社内部，通常对存入的农地不加等级区分而给予统一的存地费，如小店子土地信用合作社对于入社的2200亩耕地统一给予每亩480元的存地费。对存入土地区分等级，根据等级给予不同的存地费率，体现了按贡献分配收益的原则，保障了农户的利益；而且，可以避免出现农户只存入差地、导致土地信用合作社成了劣质耕地集中机构的现象，从而能够更好地满足贷地方对土地质量等级的需求。不过对土地区分等级的程序和过程本身存在交易成本，进而面临区分等级的收益和交易成本之间的权衡问题。

最后，农户的存地意愿包括两个方面，一是存地规模，即愿意存入的农地量；二是存地期限，类似于商业银行中的x年期存款。提高农户的存地意愿包括扩张存地规模和延长存地期限两种形式。在目前的实践中，如何突破存地期限较短的限制非常必要，但在一定程度上被忽视了。从以存促贷的角度出发，与存地规模比较而言，存地期限的长短在一定程度上更能决定贷地方对具体经营行业的选择。我们的调研，目前的存期普遍在3年以内，因此，一些回报期长于3年的农业产业化项目，比如果树等是无法利用这一制度获得农地的，而只能集中于生长期在一年以内的项目，如普通的粮食作物和一般蔬菜等。根据我们的调研发现，即使对于生长期在一年以内的项目，因为市场、气候等不确定因素的影响，合理的回报期也须超过3年，才能平抑不同年份的波动获取合理的收益。对于贷地方而言，贷地期（贷地期和存地期保持一致）满之后，面临着能否继续贷地的不确定性，难以对其形成增加回报周期较长的基础设施、设备投入的激励，不利于生产力的提高和规模经济优势的体现，因此，他们希望延长贷地期。但是就存地的农户而言，出于对未来的不确定性而不愿意延长存地期，这种不确定性涉及未来的土地收益、非农就业机会以及国家的土地政策等。对于存贷的土地而言，可能会出现贷地方在贷地期内掠夺性开发而不顾及农地的长期肥力，造成耕地质量下降的问题。所以，如何通过相关的措施来适当延长农户的存地期限非常重要。除了通过技能培训、拓宽农村劳动力的就业渠道等常规性的措施之外，可以考虑将当前的土地信用合作社制度创新做进一步的发展，引进股份制，在保证农户获得基本的存地费之外，存期较长的农地按照一定的方法折算成股份，参与农业产业化项目正收益的分配[①]，形成对农户延长农地存期的激励，这样使得存地农户和贷地方之间的利益紧密结合，在农地的存贷期上达成一致。这一方式在支付数额的变动上，与商业银行经营的存贷款业务十分相似，后者给予选择长存期的存款更高的利息，并要求选择长贷期的贷款支付更高的利息，存地农户因为承担了更多的未来不确定性而获得更高的收益，贷地方则转移了部分不确定性而须支付相应的费用。

此外，就以存促贷而言，土地信用合作社的出现降低了农地集中的交易成本，即降低了贷地需求方获取农地的成本，促使贷地需求的产生和扩张。同时，部分土地信用合作社的成功运行产生了良好的示范效应，一方面使存地以及土地信用合作社的经营方式得到了广大农户的认可，有利于土地信用合作社的成立和扩张；另一方面也可以凭借这一优势吸引其他地区的农业产业化项目投资

① 只参与正利润部分的分配，不参与亏损部分的分配。

者,提高了农业招商水平。所以,土地信用合作社的成功运行不仅培育了本地的贷地需求,还吸引了其他地区的贷地需求,体现了土地承包经营权流转制度的成功创新对农业产业化的促进作用。

7.2.3 存贷互赢共进

评价土地信用合作社这一制度创新成功的标准是存贷双方的利益是否共同增进,进而证明这是一个帕累托效率改进的制度变迁。从平罗县目前的实践来看,基本上满足这一标准。

对于贷地方而言,土地信用合作社的出现便利了其取得生产所需的农地,尤其是规模连片的农地,大大降低了交易成本,可以专业化于农业生产和其他农业产业化环节,并从规模经营中获益。对于存地方而言,解除了农地对部分兼业化农户的束缚,促进了农村劳动力完全向非农产业转移,农民获得存地收入和打工酬劳等多方面的收入,总体收入要大于兼业化时期的收入;对于一些主要劳动力老、病、残的农户以及耕种技术差的农户来说,存地收入也高于自己耕种的收入;而对于只种地的农户来说,根据平罗县的计算,该县 1 家 4 口人占地 7 亩左右,按每年每亩纯收入 600 元计算,年纯收入 4200 元,若将土地以每亩 100 元存入土地信用合作社,可得 700 元,1 户 2 个劳动力外出打工,每人可得纯收入 5000 元,总收入是 10700 元,远高于种地收入。根据统计,截至 2008 年 5 月该县存地农户达到 1924 户,实现存地收入 190.55 万元,转移劳动力 2530 余人,创造劳务收入 1265 万元。不过,我们也可以看出,存地农户要实现高于原先的收益,主要依赖于劳动力能够顺利地转移到非农就业部门,地方政府需要实行相应的配套措施促进劳动力的转移。万家营子土地信用合作社的经验也值得一提，该社利用存入的土地发展花卉产业，引导该村 600 多人（全村 1400 多人）从事花卉产业，人均年增加收入 1 万元左右，直接利用农业产业化项目解决了当地大量存地农户的就业。因此，从目前的实践来看，基本实现了存贷互赢的目标。①

对于这一制度的创新者和积极推动者——地方政府而言，制度创新和推行的收益亦高于成本。首先，通过土地信用合作社这一土地承包经营权流转中介组织的构建，规范了土地承包经营权流转机制，实现农地有序流转，避免了大量农地自发流转过程中出现的纠纷，降低了相应的行政成本和维护了农村社会的稳定；其次，土地信用合作社将土地集中规模连片，有利于实现规模经济和农业产业化的发展，2007 年平罗县有 148 名能人返乡创业，注册资本 1.4 亿元，总投资 5800 万元，实现产值 2950 万元，从而促进了该地区的现代农业发展，改变了农村的面貌，这无疑也是政府政绩的重要组成部分；最后土地信用合作社通过存贷差额以及荒地贷出的收入，增加了村集体经济收入，该县 29 个村级土地信用合作社增加了集体经济收入 74.8 万元，根据合作社章程关于分配政策的规定，这笔收益在扣除运作成本、弥补亏损、提取盈余公积金、公益金之后作为村级集体经济收入，用于公益事业，从而在一定程度上缓解了目前村级经济的公共支出压力。②

从平罗县已有的土地信用合作社的实践来看，存贷双方形成了双赢的长效发展机制，这在推广过程中起到了良好的示范效应，

① 引自《平罗县农村土地信用合作社试点工作经验介绍》（内部资料）。

② 同上。

并在地方政府的积极扶持下，存贷规模不断扩张，目前该县共存贷土地 9.6 万亩，但是要注意非农就业机会的扩展和存贷规模过度扩张等问题。

7.3 结论性评述

平罗县试点的土地信用合作社具有明确的经营宗旨、经营范围、经营原则、审批机制、治理结构和分配政策，实质上是由地方政府推动的、且经地方政府审批注册的、由村级集体主导的、遵循国家规则的土地承包经营权流转中介机构，是基本上符合中国农村土地制度发展方向的一次农村土地承包经营权流转制度的创新。该土地信用合作社的具体运行过程并不涉及具体的金融业务，而只是因其引导的土地承包经营权流转过程类似商业银行的资金流转过程而得名。

平罗县土地信用合作社的试点为这一项土地承包经营权流转制度创新的制度绩效评价提供了积极的证据，实现了存贷互赢的目标，很好地践行了农户自愿参与的原则，地方政府的制度创新收益也远高于其成本。因此，这是一项存在明显帕累托效率改进的制度创新，其制度进一步演进的方向在于如何处理好农业产业化和土地承包经营权流转的相互关系。

为了避免出现亏损的情况，土地信用合作社实行以贷定存的方式。在这一方式下，结合土地信用合作社运作过程中的规模经济效应以及贷地费要高于农户自己耕种的收益这一农户自愿参与的前提，参与高效益农业产业化的农业企业或者经营大户，特别是要素契约指向的农业产业化项目，才有可能产生且实现大规模的贷地需求。因此，土地信用合作社的成功运行的前提在于引进或者培育高效益的农业产业化项目，故土地信用合作社适宜于农业产业化比较发达的地区。但是作为一种地方政府推动、集体主导的土地承包经营权流转制度创新，对于地方政府而言，存在忽视必要的前提条件而过度推广和过度扩张的激励。平罗县目前关于土地信用合作社的扶持政策就在一定程度上存在重规模轻效益的问题，这一问题，可能导致土地信用合作社重蹈两田制和返租倒包等创新形式的覆辙。在以贷定存的经营方式下，政府对土地信用合作社的扶持政策可以考虑将重点放在引进、培育和发展高效的农业产业化项目方面。

土地信用合作社降低了土地承包经营权流转的成本，并通过其良好的示范效应，不仅培育了本地的贷地需求，还吸引了其他地区的贷地需求，体现了土地承包经营权流转制度的成功创新对农业产业化的积极作用。尽管贷地方在“以贷定存”的方式中居于核心地位，但是仍要处理好存在的问题，才能实现存贷平衡，进一步实现以存促贷。遵循农户自愿存地的原则，提高农户自愿存地的意愿非常关键，土地信用合作社适宜在非农就业机会多或者人均耕地多的地区实行和推广。除了拓宽非农就业渠道、保障农户的存地收入、完善农民的社会保障等常规性的措施之外，还要从制度上完善对农户利益的保护，避免因贷地方的核心地位而忽视甚至损害存地农户的利益；在存地费的支付和贷地费的支付中注意土地质量的差异，处理好分等级的收益和交易成本之间的权衡问题；提高农户的存地意愿包括扩张存地规模和延长存地期限两方面，目前的实践表明，存在存地期限过短进而限制贷地需求方农业产业化行业的选择、难以平抑短期波动、不愿意进行基础设施的投入甚至出现掠夺性开发的问题，可以考虑在土地信用合作社的基础上，对较长期限的存地引入股份制，使农户参与农业产业化项目的收益分配，形成对延长农地存期的正向激励。

8. 重庆北碚区在农业产业化和农地流转方面的实践

在关于农业产业化和农地流转的讨论中，有一个观点认为规模化的经营适宜于平原地区，可以使用大型农机具的资本投入替代劳动投入，但在我国的重庆、四川、云南、贵州等西南地区，人多地少，且地貌以山地、丘陵为主，无法使用大型农机具，因而并不适合规模化的经营。但是，重庆北碚区的实践，在一定程度上否定了上述观点，尽管规模经济会受到地形地貌的制约，但是也与具体的行业特征以及契约安排相关。从表 8—1 可见，在这一地区，种粮行业可能不存在规模经济，不存在种养大户，农业企业经营中也没有这一项目，但是在养鱼、果树和花卉苗木等经济作物方面，存在明显的规模经济[①]。所以农业产业化、农地流转以及相应的规模经营不仅适宜于发达地区、平原地区，也是欠发达地区、山地地区农业经济发展的路径之一。在本章中，我们将介绍重庆市北碚区在发展农业产业化和促进农地流转方面的经验，分析不同农业产业化项目的契约安排和农地流转方

---

① 如果将土地和劳动力成本计入到家庭经营的花卉苗木的成本，收益率低于种养大户和农业企业。

式之间的关系，最后是结论性评述。

表 8—1　北碚区农业投资收益情况调查表[a]（单位：元/亩）

	家庭经营			种养大户经营			农业企业经营		
	投资	收益	收益率	投资	收益	收益率	投资	收益	收益率
种粮	374	406	8.5%	—	—	—	—	—	—
养鱼	5100	6222	22%	5100	7500	28%	6300	8500	35%
果树	529	815	54%	1200	1992	66%	—	—	—
花木	4450	7222	62%[b]	6700	9700	45%	22000	30522	39%

注：a 数据来源于《北碚区农村承包土地流转情况》（内部资料，2008）；

b 家庭经营中的花卉苗木项目项未包括土地和人工成本。

8.1　案例介绍

地处重庆都市经济发达圈北部的北碚区，坚持科学发展观，立足于优良的生态环境优势，大力推进生态文明建设，实施生态经济发展战略，着力构建“生态高效农业、生态工业、生态旅游和生态城镇”四大体系。作为践行生态文明建设的重要举措，北碚区的三大组团之一的江东产业区建立了重庆生态农业科技产业示范区。园区规划以“一线八点”项目为主要内容，具体是碚金路及沿线分布的八个项目：江东花港、大地渔村、重庆农谷、乡村嘉年华、台湾农民创业园、多彩园艺、金峡桃源、胜天牧野（见图8—1），探索出了以“大地渔村”为代表的农民自主型、以“重庆农谷”为代表的政府主导型、以“多彩园艺”为代表的企业主导型的农业产业化契约安排和农地流转方式。我们将重点介绍上述三个典型案例。

图 8—1　重庆生态农业科技产业示范区规划项目及分布

8.1.1 大地渔村:农民自主型

大地渔村以该区大地村为核心,规划面积 3000 亩,成片养鱼面积达 1500 亩,初步形成了集休闲、娱乐、旅游、垂钓、餐饮为一体的具有川东民居风貌的园林式渔村。大地渔村是一种基于个体农户主导型农地流转、合作社(养鱼协会)进行垂直协调的农业产业化与农地流转方式。

农民之间采取土地互换、租用方式,自发调剂土地,土地流转 2500 余亩。同时,该村于 2004 年成立养鱼协会,120 个养鱼农户自愿入会。该协会以市场为导向，邀请相关教授和专家进行水产养殖培训和技术研发，提高养鱼户的科技文化素质和生产技能，引进胭脂鱼等名优鱼类养殖，提高养鱼单产和养鱼收入。此外，该协会对养鱼户进行指导，按照无公害水产品的生产标准，整治池塘环境，控制生产操作规程，成为重庆市无公害商品鱼基地和国家有机鱼养殖基地，其中无公害渔业基地200亩，有机渔业基地600亩，形成了大地渔业的品牌效益。目前，该村年产鱼1200多吨，实现销售收入1000万余元，利润近500万元。[①]

8.1.2 重庆农谷：政府主导型

重庆农谷位于北碚区静观镇素心村和水土镇三元桥村，规划面积4500亩，是一个集现代农业生产展示、温泉休闲、旅游观光于一体的综合性项目，图8—2为项目的规划图。该项目是由政府统一规划、出资并运行的农业用地与农村建设用地流转。

重庆农谷项目奉行五大基本原则：一是“自愿、有偿、依法、规范”的原则；二是耕地总面积不减少，建设总用地面积不增加的原则；三是规划先行、分类指导原则；四是切实保障农民利益不受侵害原则；五是“政府引导、市场运作、农民参与、社会支持”的原则。基于以上原则大胆探索，创新机制。在政策支撑上，由北碚区国土分局、静观镇人民政府及农业园区建立土地流转管理机构；建立健全失地农民社会保障制度；修编土地利用总体规划，积极提供土地规划计划服务；大力支持农业产业化项目的实施；明确集体土地流转的土地收益金分配，目前的流转收益金比例按政府、集体经济组

① 数据引自《江东花木及旅游农业产业带简介》。

织、个人以 1∶6∶3 的比例进行分配，其中集体部分主要用于农民社会生活补助和社会事务管理。

该项目由重庆市生态农业科技产业示范区管委会下属国有独资公司——重庆绿韵生态农业科技责任有限公司负责实施，其流转形式为土地作价入股。将农民的土地包括农业用地承包经营权和非农用地重新集中，统一经营，拆旧建新，农民入住农民新村，获得商业门面、就业机会、年底分红和土地租金等。目前该公司筹资1000多万元流转整治土地815亩，完善基础设施建设和农民新村建设，搭建招商平台，引进业主进行农业产业开发，以土地出让收入偿还投资成本，实施滚动开发。

图 8—2　重庆农谷规划平面图

从该项目的流转绩效来看，首先农地逐渐连片，适宜于规模化经营，有利于促进产业化项目的引进和开发；农民居住环境得以明显改善，农村建设用地有所减少，农民收入渠道多元化，失地农民可以获得以承包地入股的股金收入、在园区务工获得劳务收入以及商业门面的租金或者自主经营的收入，并获得了管委会为其购买的医疗保险和养老保险，60 周岁以上农民每户每月可领到 160 元的生活补助。

8.1.3 多彩园艺：企业主导型

多彩园艺项目布局在静观镇陡梯村，规划面积 800 亩，由浙江森禾集团投资启动建设，将成为集新品种选育、新技术开发和应用示范以及工厂化、规模化、标准化栽培技术为一体，具有国际先进水平的彩叶观赏植物生产示范中心，图 8—3 为该项目的规划图。这一方式以龙头企业为主导从事农业产业化开发，以村社为中介进行农地流转。

静观镇是“中国花木之乡”，是全国花卉盆景艺术五大流派之川东花卉艺术的发祥地，已有 520 年的种花历史，该地区的花卉苗木行业具有明显的竞争优势。多彩园艺项目一期投资为 3600 万元，由森禾集团投资，用地面积 700 亩，包括智能化温室 2 万平方米，项目建成后，将形成各类小容器苗 800 万株、大容器苗 40 万株的年产规模。森禾集团通过发挥村集体的中介作用完成近 700 亩的农地使用权的集中，支付固定租金，租期一直到第二轮承包期满为止。该公司在用工时优先考虑土地承包经营权流出户农民，甚至在劳务事宜公告上对基本条件直接限制在静观镇陡梯村的范围

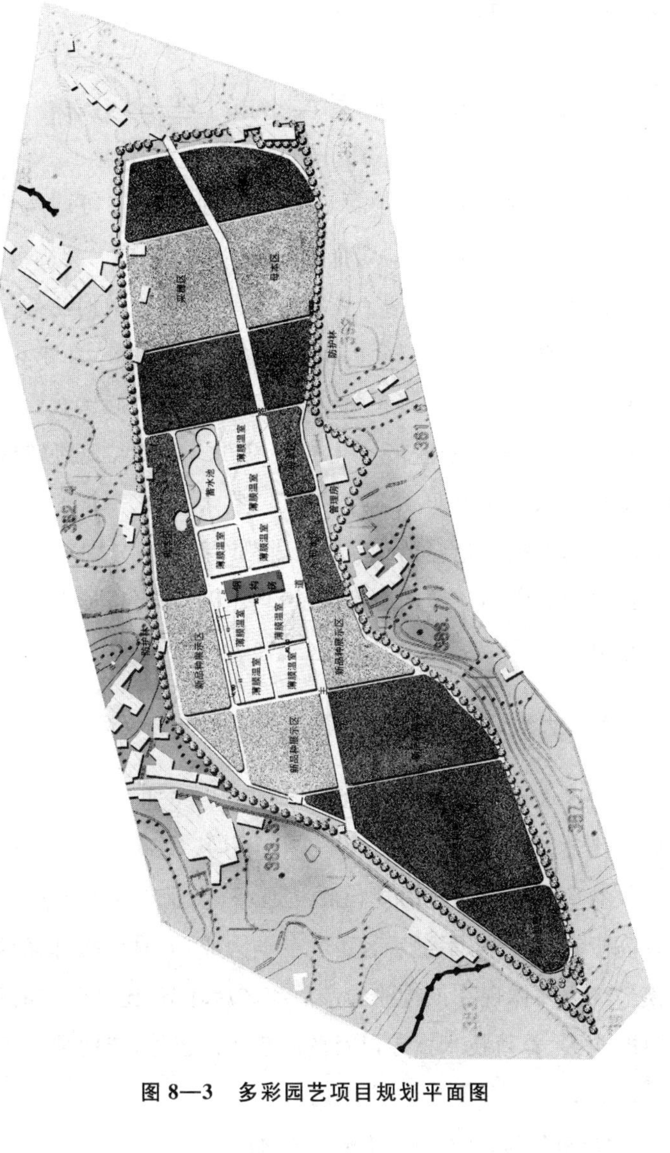

图 8—3　多彩园艺项目规划平面图

内,雇佣当地劳动力近百人,男工工资为 900—1500 元/月,女工工资为 800—1200 元/月。①

8.2 三个典型案例的理论分析

对于上述的三个典型项目,从农业产业化垂直协调契约安排来看,包括“合作社＋农户”和企业垂直一体化的要素契约等形式,从农地流转形式来看,包括个体农户主导型、地方政府主导型和以合作社为中介的中介组织介入型等多种形式。此外,江东花港、重庆农谷、乡村嘉年华、台湾农民创业园、金峡桃源、胜天牧野等项目也各具特色,但是其农业产业化的组织方式以及农地流转形式基本上也可归入到上述几类典型方式。鉴于上述三个案例的典型性,在本节,根据理论篇的理论分析框架,我们将分别对三个案例在契约选择和农地流转的合理性上以及存在或者可能存在的问题作理论分析。

8.2.1 大地渔村:农户主导型农地流转与协会运作

北碚区大地村地势平坦,水源丰富,从 20 世纪 90 年代开始,当地农民开始挖池养鱼,从事渔业生产。从表 8—1 来看,这一行业的收益率呈现出明显的规模收益递增,企业和种养大户资本收益率高于家庭经营,不过后者不含劳动力成本。根据我们的调研,规模经济主要体现在该行业的产前和产后环节,比如鱼苗的引进、饲料的购买、养殖技术指导以及商品鱼的出售等,特别是对于回报

① 数据引自《江东花木及旅游农业产业带简介》。

较高的名贵鱼养殖而言，上述环节的重要性更为突出。显然，大规模经营必然涉及大片土地承包经营权的流转，从而需要中介组织的介入或者在村集体（地方政府）主导下完成。但是，在大地渔村的个案中，并没有较大规模的养殖企业，也没有中介组织介入的农地流转，农地流转基本上是以农户主导型为主，主要流转方式是农户之间土地互换和租用，这解决了土地承包经营权过于分散的问题，鱼塘经营因之主要采取家庭经营或者大户经营方式。显然，这一农业产业化经营方式很难满足渔业养殖行业对规模经济的需求，这一制度选择很大程度上受制于农地流转方式，而农地流转方式的选择受地租的影响。对于利润最大化的企业而言，需要在规模经济收益和为追求规模经济而产生的农地租金之间权衡。当地农地用于商品鱼养殖的收入明显高于粮食作物种植的收入，要在这一地区实现农地流转，对农户支付的租金必然不能低于其养鱼的收益，从而抬升了土地承包经营权的地租。所以，在潜在高额农地租金的情况下，从事渔业养殖的农户主要通过农户主导型农地流转来降低农地细碎化程度，以满足该行业对农地规模最基本的要求，进行家庭经营。

但是，家庭经营在产前、产后等环节具有明显的规模劣势，如何在家庭经营的基础上尽可能地获取规模优势呢？大地渔村养鱼协会的成立，在一定程度上解决了上述问题。一方面，作为专业合作社，养鱼协会是由120户养鱼农户自愿加入的，农户也可以自由退会，协会对农户的家庭经营并不进行直接的干预，农户自负盈亏。自由退出的机制设计和对农户自主经营权的尊重，使农户可以采取“用脚投票”的方式来约束协会的运作，既保护了农户的利益，又可以充分发挥这种商品契约联结方式对农户的激励作用。

另一方面，养鱼协会的运作主要集中在具有规模经济的环节上。首先，在鱼种的引进上，对于单个农户而言，缺乏必要的资金和技术，也难以承受较大的风险尝试名优鱼的养殖，而养鱼协会通过农户间的联合，可以克服资金的瓶颈，有效地分散风险，建立了专业的中华倒刺鲃、胭脂鱼的养殖技术中心；聘请西南大学等科研院所的专家参与研发，对农户进行水产养殖培训。其次，养鱼协会积极引导养鱼户通过产品认证，进行品牌建设，从而在销售环节提高商品鱼养殖的附加值。该协会聘请水产专家，对养鱼户进行分散指导，按照无公害水产品的生产标准，整治池塘环境，控制生产操作规程，通过了国家有机食品认证和重庆市无公害商品鱼基地认证，促进了协会会员商品鱼附加值的提升。此外，在饲料的购买、产品的运输等方面，协会凭借其规模优势，可以获得更具价格优势的投入品供给以及更周到的供应商服务。因此，养鱼协会这一专业合作社的引入，有效地解决了单一农户家庭经营在规模上的劣势。

大地渔村的制度安排是典型的农地流转成本进而农地流转形式制约农业产业化垂直协调契约安排的案例。农户主导型的农地流转基本上能够体现对农户自愿性的尊重，但是在土地承包经营权流转过程中应避免口头协议，签订规范的流转合同。这一方式有两个比较突出的问题。首先，在不确定程度和信息不对称程度较高的情况下，合作社统一协调作用的发挥在一定程度上是基于社员间的相互信任，能够对农户的机会主义行为进行监督和约束，而且这种信任有助于避免“搭便车”等问题，但在关系型社会中，信任分布呈明显的差序结构，所以，合作社社员人数有限，难以扩展到其他村社，合作社规模难以扩张。其次，大地渔村这一项目目前主要以商品鱼的出售为主，兼营垂钓等第三产业，因此产业链偏短，产品附加值有待进一步提高。产业链的延伸需要大量专用性物质资本和人力资本投资，比如建设高档休闲垂钓中心、对鱼产品进行深加工、名贵鱼种苗培育输出等，无论是一般中小农户的家庭经营，还是相对松散的养鱼协会，均缺乏足够的资本、技术和必要的经营能力。所以，向产业链利润高端延伸的投资，往往需要具有实力的龙头企业进行开发和投资。

8.2.2 重庆农谷：政府主导型农地流转

农业产业化是对农业产业链的垂直协调，通过延长产业链来获取更高的附加值。产业链的延长，包括对农产品的加工或者农业休闲观光旅游等，需要部分建设用地。比如本书所提到的中粮南王山谷君顶酒庄有限公司的高端葡萄酒项目，其配套的酒庄、工厂等设施就需要大量的非农建设用地。为了保护耕地，我国对农业用地转为非农用途的规制非常严格；同时，以宅基地为主的农村建设用地分布较为零散，很难满足一些较大规模的农业产业化项目对非农用地的需求。因此，农业产业化发展，不仅受到农业用地流转的影响，也面临非农建设用地的制约。从农业产业化和农地流转的关系来看，重庆农谷项目的运作实际上是为解决上述问题通过理顺农地流转关系来促进农业产业化发展的思路。

以宅基地为主的农村非农建设用地分布零散，如何形成连片的建设用地涉及土地利用总体规划的修编，而这项工作必然需要政府来完成，因此，政府介入乃至主导是这一类型土地流转的必然要求。

同时，重庆农谷项目的运作以农地流转先行。尽管流转后的农地具有明确的规划，如农业开发区（冬桃项目、特色梨项目、荷花项目)、农业投资区、滨水休闲区、腊梅生产区和花市生产区，但是目前部分项目并没有进入开发阶段，也没有相应的企业或农业大户入驻。因此，在没有形成明确的用地需求，而且国家规定明确禁止房地产等高利润项目开发的状态下，出于对较高不确定性的规避，农户或者营利性组织一般不愿意介入，所以，这一农地流转先行项目需要由地方政府主导，而且其中关键是需要积极培养农地需求方，比如引进大型龙头企业或者扶持本地中小企业和农业大户。

地方政府应该在实施这一项目之前制定合法、详细、可行的规划，确定具体的原则并提供完善的配套政策和措施。从重庆农谷的实践来看，在土地流转之前便制定了《北碚区静观镇素心村集体土地使用权流转试点方案》，将上述内容具体化了，为农业用地和非农建设用地使用权的流转提供了操作依据。

重庆农谷项目通过农业园区管委会下属的国有公司——重庆绿韵生态农业科技责任有限公司负责实施，投资1000多万元，新建占地15亩、建筑面积1.6万平方米的芳泽居农民社区，实现天然气、水、电、有线电视、电信、道路六通，而公司通过宅基地置换的方式，遵循了耕地占补平衡的原则，获得该村相关组的剩余非农建设用地使用权，这部分土地使用权和农户的农业用地承包经营权作价入股，使农村土地使用权重新集中，实现农业用地和建设用地的统一经营。根据试点方案，在该地区内，农业产业化结构调整和农业产业化项目，可以获得总用地面积的8%的土地作为建设用地，基本上满足了产业化链条延伸所需的非农建设用地需求。这一条件有利于吸引具有较强竞争优势的农业产业化龙头企业在该地区实施以要素契约垂直协调为主的农业产业链建设、促成农产品深加工和农产品高附加值实现的本地化，有助于农村工业化发展、农村剩余劳动力就地吸收和城乡统筹事业发展。

最后也是最重要的，政府主导的农地流转，最核心的是农户权益保护的问题。一些政府主导型农地流转案例之所以失败往往与农户的权益受到侵害有关。所以，这类农地流转形式最关键的是对农户自主性的尊重和对农户利益的充分保障。重庆农谷项目在设计和操作过程中也将这一问题作为贯穿全局的主线。在试点方案中的五大基本原则中，有两项直接解决这一问题，强调“集体土地使用权流转必须建立在农民自愿的基础上，平等协商、有偿流转，且依法有序的进行；农民土地流转必须保障流转收益归农户所有，任何组织和个人均不准截留、扣缴和挪用”。在上述原则的指导下，地方政府将芳泽居农民社区的住房设计为“前店后院”的模式，宅基地置换农户可以获得门面房用于经营或者出租；其次，农户土地承包经营权作价入股，获得固定收益，而集体经济产业项目的收入，农户也可以按股分红；第三，促进土地承包经营权流出户的就业，重视农民再就业培训，并规定使用该村土地的业主所雇佣工人 20%以上必须是素心村的失地农户；最后，实施失地农民的社会保障制度并完善农村最低生活保障制度，规定因土地流转全部或剩下人均不足 0.5 亩承包土地的农户，男年满 60 周岁、女年满 55 周岁以上的在籍人口，享受 160 元/人/月的生活补助费。根据我们的调研，农户对于地方政府的补偿政策比较满意，其收益远高于一般的政府土地征用，较好地保护了农户的权益。不过根据《试点方案》，试点区域集体土地使用权流转收益政府、集体经济组织、农户按照 1:6:3 的比例进行分配，最主要的部分归村集体所有。根据规定，这部分用于农民社会生活补助及社会事务管理，但是规定较为含糊，没有具体明确，最主要收益部分的分配还需要进一步的规范化。

8.2.3 多彩园艺：要素契约与中介组织介入型农地流转

(1) 要素契约与过程可程序化

多彩园艺项目的主营业务是花卉苗木新品种的选用、研发、栽培。关于这一行业的契约指向，本书第五章对漯河胡桥方式的研究中做过详细的分析，苗木行业尤其是生产过程的规模经济突出、资产专用性程度高、结果可分性程度较低、交易持续期偏长、不确定性程度高而倾向于要素契约。而且，与胡桥村的绿化用苗木行业相比较，多彩园艺项目更关注新品种选育、新技术开发应用，尝试建立具有国际先进水平的生产示范中心，因此，在技术研发和人力资本投入的专用性更为突出，强化了其要素契约的指向。此外，为了解决要素契约在解决低过程可程序化下的激励案例，龙头企业通过建立规范的劳动管理制度和尽可能量化的评价体系来降低由此带来的交易成本。

首先，龙头企业泰禾公司根据作业性质的差异，将务工报酬分为两种形式：计件工资和计时工资。计件工资是该企业主导计酬方式，适用于具有一定结果可分性水平的作业，如苗床平整、铺地步、装杯、种苗上钵、打顶、拔草、分级、选苗出圃、装车等。该公司规定，对宜使用计件工资制的作业，一律采用计件工资，并制定了不同作业对应的计酬标准，比如铺地步的报酬为 20 元/亩、种苗上钵 6 厘/株、装车 7 厘/株等。而对于结果可分性水平较低的作业，无法采用计件形式，则采用计时工资，基本作业时间为 8 小时/日，工资标准为男工 25 元/日，女工为 20 元/日。通过细分作业环节，根据各种作业不同的任务属性，建立合理的报酬激励机制，降低了种植过程中的劳动监督成本。

其次，龙头企业明确规定了工人生产作业程序，具体为：现有公司技术员指导工人队长，工人队长带领工人完成生产任务；同时，技术人员负责生产技术环节的记录、成本台账的记录、各项生产项目成本的分摊、产品数据处理等。通过这一安排，监督和评价职责属于公司技术员，而在对工人的监督和评价中，其利益和公司利益不存在冲突，可以较好实行这一职责。工人作业由工人队长带领。通常，工人队长是该村较有威望的人担任，因此，工人采取机会主义行为的动机弱于企业直接和工人之间的交易，而且，企业通过设立奖惩机制激励工人队长的表率作用及其对工人的监督。

第三，龙头企业通过制定《泰和重庆基地生产劳动管理制度》，对工人的劳动生产纪律做出明确规定，包括思想观念、考勤、生产安全、作业技术规程、企业财产维护等多个方面。上述制度化可以在一定程度上提高过程可程序化水平。

所以，龙头企业对工人工资报酬机制的设计、作业程序以及劳动生产纪律方面的规定有助于进一步提高过程可程序化水平，从而降低要素契约实施过程中的交易成本。

(2) 中介组织介入型农地流转

这一行业的性质以及过程程序化可能带来的制约的缓解，使这一项目具有明显的要素契约指向，因此，龙头企业面临如何集中规模连片的农地使用权的困难，而且根据行业的需要，这些使用权期限很长。显然，700 多亩土地承包经营权的流转，如果直接与单个农户进行交易，企业面临高额的交易成本。特别是对于个别因为观念陈旧或者想乘机敲竹杠的农户，企业可能面临更高的土地承包经营权流转成本，甚至无法完成最终的交易。而且，本案例的情况不同于胡桥方式，后者的龙头企业是由村集体创建的，该企业与农户之间的农地流转本质上是村集体与农户之间的农地流转，而泰禾公司作为外地企业，为了完成农地流转，不得不依赖于中介组织的介入。

在本项目中，龙头企业依赖村集体的中介作用完成农地流转。村集体介入之后，企业可以直接与村集体交易，避免了直接与多个农户交易，减少不必要的交易次数和交易成本。同时，村集体在农村事务中具有一定的权威性，其介入有助于增进农户对龙头企业的信任和对农户以及企业的机会主义行为惩罚的可置信性，从而降低交易成本。此外，村集体的一个明显优势是凭借其农地所有人的身份，可以通过地块调整的方式，用很低的成本调整愿意和不愿意参与农地流转农户所承包经营的地块。当然，农户自愿参与流转的前提仍然是其土地承包经营权流出之后的收益要高于其机会成本。这取决于龙头企业在租金的安排等有利于农地流转的制度安排。根据我们的调研，农户土地承包经营权的流转价格具体为：田按 900 市斤/亩普通稻谷计算，地按 700 市斤/亩普通稻谷计算，粮食价格按当年政府粮站中等粮收购价折合成人民币支付。而 2007 年北碚区户均耕地不到 2.4 亩，农业人口人均耕地仅为 0.8 亩，而在人均纯收入中，农业家庭经营收入为 641 元，即亩均收入在 800 元左右。因此，这一租金远高于农户自己种粮收益，且是在不需任何投入的前提下，基本上等于该地区农业家庭经营的平均收入（未扣除劳动力成本）。其次，龙头企业通过尽可能安排土地承包经营权流出户劳动力在企业内部就业来提高农户的收入，促进农地的顺畅流转。比如泰禾公司联合静观镇陡梯村村民委员会联合发布《关于劳务事宜的公告》，表明出于公司与村民“共赢”的基本原则，规定务工人员的基本条件中明确要求为该村村民。从工资水平来看，男工和女工工资的平均水平分别为 1200 元/月和 900 元/月，而 2007 年北碚区农民人均纯收入为 4627 元，其中工资性收入为 2863 元，相比较而言，农户收入有明显提高。①

在这一方式中，农户的收入来自租地收入和工资性收入，这一部分收入相对而言比较稳定，且高于当地平均水平，一般农户福利得以增进。但是，我们在调研的过程中也发现，个别农户原先种植经济作物，其收益高于龙头企业泰禾公司所支付的租金。对于企业而言，不可能公开给这些农户支付更高的租金，这会引致其他农户的加价要求，企业将面临更高的农地流入成本。这也是在绝大多数中介组织介入型或者政府主导型农地流转过程中所经常面临的困难，即农户整体福利增进而部分农户利益受损。搭便车行为的存在，使得通过农户间的利益转移补偿受损农户成为不可能。实践中，这种处理办法有两种方法，一是由村集体出面给这部分农户调整地块，辅之以其他交易利益，比如在解决与其相关的乡村事务中给予方便等，但是由此引致的损失如何赔付却存在很多争议；二是企业对其农地上作物进行赔偿，赔付标准一般根据国家征地标准，但这一标准因为隐含着政府所谓的公共利益而偏低的。不过，如果企业提高赔付标准，有可能会使农户在农地流转的谈判阶段，突击性地进行经济作物种植，以期获得更高的补偿。所以，在不损害农民利益，包括每一个农民的利益的前提下，龙头企业和村集体在农地流转过程中面临很大困难。此外，这一方式下，农户的收入主要涉及产前和产中两个环节，进一步提高农户收入的后劲

① 北碚区的数据来源于《重庆北碚统计年鉴 2008》。

不足，如何引导农户获得利润最为丰厚的产后的销售等环节的收益促进农户收入的可持续增进需要进一步思考，但是，产后环节的风险也比较大，主要由企业控制，农户和企业在这一环节的信息不对称程度很高，简单地引入股份制未必能够提高农户的收入，反而会增加农户的风险。因此，如何解决这一问题也是这一方式制度变迁的方向。

8.3　结论性评述

北碚区生态农业科技产业示范园区的开发和发展，表明农业产业化经营和农地流转在山地丘陵地区也是可行的，只是在具体行业的选择上会有所差别。而且，农地流转形式涉及政府主导型、中介组织介入型和农户主导型等多种类型，农业产业化垂直协调也涉及要素契约、"龙头企业＋合作组织＋中小农户"、"合作组织＋中小农户"和"龙头企业＋中小农户"等多种形式的契约安排。

在本章中，我们重点介绍和详细分析了最具代表性的三种农地流转类型以及相对应的农业产业化垂直协调契约安排。大地渔村项目是典型的农户主导型农地流转。养鱼业的成功提高了大地村的农地租金，进而提高了农地流转成本，限制了农地流转的规模，导致农户养鱼业规模偏低。为了克服在鱼苗的引进、饲料的购买、养殖技术指导以及商品鱼的出售等产前、产后等环节的规模劣势，养鱼农户自愿联合组成大地渔村养鱼协会这一专业合作社，在尊重农户自主经营权和维护市场机制激励的同时，解决资金分散的缺陷，共担风险，将养殖技术和品牌建设所存在的外部性内部化，使单个养鱼农户获取部分环节规模经济的优势。这种"农户主导型农地流转＋‘合作组织＋中小农户’”方式的运行，需要解决好农地流转合同的规范化；基于关系型社会的合作组织在规模上如何实现扩张需要在制度上进一步创新；而产业链向更高利润端的延伸，也因为合作组织的松散性而受到制约。这些问题在这一方式的推广以及进一步发展的过程中需要注意并通过制度创新来加以解决。

重庆农谷项目是农地流转先行的运作方式。考虑到农业产业链的延伸一般需要建设用地的匹配，因此，在“不得改变土地用途”的原则下整合农村分散的建设用地，涉及土地总体规划的修编，如占补平衡等问题；同时，由于农地流转先行于农业产业化对农地的有效需求，且对房地产等高利润项目明确禁止，那么偏高的不确定性和可能并不高的利润水平导致营利性组织不愿意介入，所以这一形式的农地流转一般是政府主导型的。这一方式在推广和运行的过程中，要做好详尽可行的规划，其关键是要根据产业规划，引进或者扶持本地龙头企业，培养农地需求方，其核心是要尊重和保护农户的土地承包经营权，从农地流转收益的分配、农户的居住、就业、医疗、养老等方面保护、增进农户土地承包权益，通过增进农户福利来促成农户自愿流转。

花卉苗木新品种的选用、研发、栽培是多彩园艺项目的主营业务，这一行业具有明显的要素契约指向。但是，相对于商品契约，要素契约在解决低过程可程序化任务的激励问题上有明显缺陷。龙头企业应该通过制订规范的劳动管理制度，构建尽可能量化的评价体系和合适的评价监督主体，通过细分作业环节，根据不同作业的任务属性，建立合理的报酬激励机制，降低种植过程中的劳动监督成本。要素契约型的农业产业化垂直协调的契约安排，涉及农地规模流转。村集体作为中介组织的介入,可以降低龙头企业在农地流转过程中面临的交易成本。不过,在成片土地使用权流转过程中,这一形式的农地流转往往对所有农户采取一致性的收益分配或受损利益补偿。但是,因为农户的能力和种植农产品的种类差异,农户土地承包经营权的收益也存在明显差异,如何避免高收益农户福利在“少数服从多数”的集体决策下受损,是这一流转形式需要重点解决的问题。此外,还需要进一步制度创新,解决产后、产前环节的信息不对称、不确定性等问题,突破这一方式下农户难以共享农业产业化垂直协调形成利润的不足。

9. 结论与政策建议

9.1 结论

农业产业化和农地流转一直是学术界讨论的热点问题，相关的研究也是汗牛充栋。不过，绝大多数研究往往将两者割裂开来进行分析，或者将两者定为从属关系，进行了一些零星的研究，对两者之间的密切关系以及这种相关关系对农业产业化健康发展和农地有序流转的重要影响，已有的研究仍不多，且不成系统。本书通过构建理论分析框架和对典型案例的理论分析，致力于这一问题的破解。

9.1.1 理论篇的总结

农业产业化的核心，是通过契约安排，对农业的产前、产中、产后等诸环节进行垂直协调，降低交易成本和生产成本，提高农业产品竞争力。农业生产组织方式是否选择垂直协调取决于对收益和成本的权衡。随着社会经济的进一步发展，对产品特质需求多样化的程度将不断提高，这是推动垂直协调的主要动力；生物技术的不断进步，改变了产品特征和加工过程，成为在供给方面推动非市场垂直协调的重要力量；垂直协调在提高农户收入方面显示出了突出的绩效；相对于现货市场，信息等技术的发展降低了监管等垂直协调的成本，所以，垂直协调进而农业产业化是世界农业产业组织形式变迁的主流路径。在我国，农业产业化的发展，有利于带动农民，尤其是中小农户参与市场竞争，提高其收入水平；有助于促进农业基础设施完善和农业结构调整，推动现代农业产业服务体系和特色鲜明、优势突出的农业产业带的形成以及农业科技的创新及其应用，提高农业产业的对外开放水平以及农业现代化程度；最后，农业产业化是第一产业向二三产业的延伸，有利于协调产业之间的关系，同时，二三产业的发展为农村城镇化提供产业支撑和就业支持，有利于协调城乡关系。因此，在我国，农业产业化发展还是推进农业现代化进程，构建产业和谐、城乡和谐的主流路径，是城乡一体化的实现途径之一。

目前，农业产业化发展过程中存在的一些主要问题与农业产业化的核心——垂直协调的契约安排有关。信息、规模及其相互作用，决定了垂直协调体系参与主体的组织形式选择和权力体系的分布。通常，龙头企业或者合作组织作为契约安排的决定主体，选择最小化其交易成本和生产成本的治理结构。根据对交易成本经济学以及关于农业产业化垂直协调契约治理结构已有研究的回顾，我们建立了一个基于契约特征的契约安排决定框架，这些契约特征包括资产专用性、交易双方资产互补性、交易频率、不确定性、任务属性、农业生产规模经济等。我们从上述六大维度出发，从避免敲竹杠、道德风险、逆向选择形成的交易成本和获取规模经济、范围经济优势的角度，讨论了现货市场、“企业＋中小农户”、“企业＋大户”、“企业＋合作组织＋中小农户”以及要素契约等契约安排的适用条件。行业特征、国家制度安排以及区域经济、文化、社会结构等都在一定程度上影响上述六大维度的契约特征。因此，对于农业产业化垂直协调的契约安排，我们应该从行业、社会、经济、政治、文化等多个层面来考虑，不可一概否定也不能简单套用其他地区其他行业的契约安排，而是因地制宜地选择合适的治理结构最小化交易成本和生产成本。

农业产业化项目一般是农地使用密集型的，因此，农地制度的安排，包括农地的产权、使用权、收益权的设定以及农地的初始分配和流转状况，都可能会影响农户、龙头企业等参与农业产业化垂直协调的各方主体的交易成本，从而影响垂直协调的契约安排。就目前中国的农地制度而言，产权结构改革的空间基本上不存在，而土地承包经营权流转市场的培育、发展和流转制度的创新将是当前农地制度改革和创新的核心领域。细碎化程度较高的农地承包经营权分布实际上提高了下游厂商的交易成本，一定程度上限制了农业产业化活动的开展和发展，土地承包经营权的流转成为农业产业化发展的前提条件。鉴于中国特色的农地产权结构，农地流转主体多元化，涉及农户、村集体以及地方政府等多个主体，形成了个体农户主导型、村集体主导型和中介组织介入型三类农地流转制度创新。上述三种农地流转形式在农地流转主导者身份、农地规模集中程度、流转期限、流转规范程度、信息对称性等方面具有明显的差异，形成了如表 9—1 所总结的优势和存在或容易引发的问题。同时，根据表 9—2，我们根据农地的地理位置、非农就业的机会和非农收入的比重以及稳定性、农村基础设施和社保体系的完善程度、村级民主政治程度、村集体领导人权威水平、人均耕地数量、二三产业发展程度等区域特征，给出了上述三种农地流转形式所适用的区域以及契约安排。相比较而言，尽管本身存在运行成本，但是，中介组织介入型的农地流转形式适用区域较广，兼具村集体主导性和个体农户主导型的优势，在农地规模的集中上具有很大弹性，适宜于不同农业产业化项目对土地规模的需求和不同的农业产业化垂直协调的契约安排，将是我国农地流转制度创新最重要的领域，不过，应注意避免异化为村集体主导型农地流转形式。上述讨论是从农地制度特别是农地流转形式对农业产业化影响的角度出发的。同时，本书也论证了农业产业化的成功发展促进了农地健康、有序、顺畅的流转。效率和平等一直是农地制度变迁的主题，农业产业化通过垂直协调形成更高的农业生产力，并发挥了对中小农户的带动作用，因此，基于农业产业化的农地流转，是一个向效率和平等趋近的过程，成功的农业产业化形成了对农地流转的有效需求，也是农地流转目标的实现过程。而且，成功的农业产业化可以在产业链延伸的二三产业创造非农就业，并使得农地的社会保障功能货币化，且可随物价动态调整，优势产业的形成和聚集促进了有产业支撑的城市化进程，上述因素的改善都将成为农地顺畅流转的润滑剂。

表 9—1 农地流转形式的比较

	个体农户主导型	村集体主导型	中介组织介入型
优势	坚持农户的主导地位，尊重农户的自身意愿，体现市场经济的基本精神	农地流转交易成本下降，农地流转规模扩张，流转期限较长，流转合同规范，集体收入增加	尊重农户的主导地位，保护农户权益，农地流转交易成本下降，农地流转规模和流转期限的弹性丰富，流转合同规范，对农业产业化契约安排的适应性强

续表

问题	缺乏规范的合同，流转期限较短、不稳定，流转规模小，农地流转效益低	村集体和农户利益很难完全一致，农户权益容易受到侵害，引发矛盾、社会问题	农地流转收益难以负担中介组织的运行成本，易受合作社成员稳定性的干扰，存在异化为村集体主导型的可能

表 9—2　农地流转形式、适用区域与契约安排

农地流转形式		适用区域特征	契约安排
个体农户主导型		远离中心城市、非农就业比重偏低、非农就业和非农收入不稳定、农村工业欠发达、甚至周边没有工业企业、农户人均教育水平偏低、非农资产比重偏低、农村社会保障体系弱	“龙头企业＋中小农户”、“合作组织＋中小农户”
村集体主导型		中心城市郊区、非农就业比重高、非农就业和非农收入稳定、村集体经济发达、周边地区二三产业发达、农户人均受教育水平较高、非农资产比重较高、社会保障体系较健全、村级民主政治较完善	要素契约、“龙头企业＋大户”
中介组织介入型	农户合作组织	已有一定农户经济合作基础的地区，范围包括各级城市、县城、中心镇、小城镇周边，有龙头企业/大户的垂直协调安排与支持，有部分人参与非农就业、且非农收入比较稳定	“中小农户＋合作组织”、“中小农户＋合作组织＋龙头企业”
	村集体、地方政府	中小城市、县城、中心镇周边，农村劳动力非农就业比重较高、非农收入比较稳定，村级或地方政府经济实力较强，在农村社保、卫生体系建设方面有一定投入，村级民主政治体系较完善，村集体领导有力，存在可以满足农业产业化龙头企业发展所需要的基础设施、资金、技术和劳动力	要素契约“龙头企业＋大户”、“龙头企业＋合作组织＋中小农户”

9.1.2 案例篇的总结

在案例篇中，根据本书所发展的理论分析框架，具体介绍并深入分析了山东烟台南王山谷葡萄生产合作社、河南漯河基于返租倒包的“胡桥方式”和基于“中间人”制度的“粮源方式”、宁夏平罗的土地信用合作社以及重庆北碚区在农业产业化和农地流转方面的实践。我们在每一章都对上述案例研究做了结论性评述，在此，我们将主要通过对上述案例的比较和归纳来做一个简要的总结。

本书的案例分布于我国的东部、中部、西北、西南地区，包括直辖市郊区、县级市郊区和远离中心城市的小城镇周边，地貌涉及平原、丘陵和山地，区域差异明显。东部地区是我国的发达地区，外向度高，资金、技术相对充裕，农业产品加工、销售能力强，是我国农业产业化的起源地，其在农业产业化发展规模和质量上领先于其他地区，如表9—3所示，销售收入亿元以上龙头企业数远高于中西部地区；中部地区是我国的粮食主产区，农业产业化发展速度很快，形成了部分在食品工业等农业产业化项目上具有较强竞争优势的地区和企业，在数量上接近甚至超过东部地区；西部地区经济发展相对滞后，外向度较低，农业产业化发展的质量水平有待进一步提升，其中，西南地区地少人多，西北地区地广人稀，不考虑未开垦的荒地，仅考虑目前经营的耕地，西南地区人均耕地不到西北地区的70%。[①] 同时，本书所选案例的行业分布较广，涉及苗木、花卉、麦种、稻种、高端葡萄酒原料、水产养殖等行业，行业间跨度

---

① 根据《中国统计年鉴2007》的数据计算而得。东部和中部地区人均耕地面积分别仅为西北地区的37.7%和67.9%。

大，差异明显。我们所介绍的案例尽管可能存在一些有待改进之处，但是，从总体上看，各类农业产业化的契约安排和农地流转制度创新运行较为成功，这也表明农业产业化和农地流转不仅是发达地区、平原地区农业发展的必由之路，对欠发达地区、丘陵山地地区也是适用的，只是在具体行业选择、垂直协调契约安排和农地流转形式创新方面上存在差异。

表 9—3　中国区域农业产业化发展状况比较(各地区省平均)

指标	东部	中部	西部
产业化经营组织(个)	7180	11442	17833
销售收入亿元以上龙头企业(个)	212	125	59
省级以上龙头企业(个)	142	152	72
规模以上专业合作组织	556	753	270
交易额 5000 万以上专业市场(个)	165	173	70
产业化组织固定资产总值(亿元)	477	415	219
带动农户数量(万户)	488	528	350
农户增加收入(亿元)	81	121	70

数据来源：农业产业化发展报告编委会编：《农业产业化发展报告(初审稿)》。

从各案例来看，除了行业特征之外，农地流转交易成本对农业产业化垂直协调契约安排起着决定性的影响。蓬莱的高端葡萄酒原料项目、漯河胡桥的苗木产业、北碚的花卉园艺项目以及水产养殖项目均有明显的要素契约指向，但是在最终的制度设计上，考虑到农业产业化和农地流转的关系，根据农地流转交易成本的差异，契约安排呈现不同的方式。在蓬莱的高端葡萄酒原料项目中，为了解决农地承包经营权非常分散、农地本身收益偏高(当地具有种植葡萄的传统)、契约期限偏长增加要素契约下农地流转的交易成本偏高的问题，企业出资入股、农户土地承包经营权折价入股，共同组成专业葡萄生产合作社，实行股份合作制，将农户的土地承包经营权的长期租金资本化为股权，避免了前期巨额的租金投入，通过稳定股息支付、浮动收益的分享、就业机会的供给和生产生活的保障以及发挥乡村精英的协调作用，降低了土地承包经营权流转的交易成本，化解了农地使用权难以大规模长期集中的矛盾。在胡桥方式中，以村支部书记为首的乡村精英集团在该村具有长期的权威性，而且苗木行业较高的预期利润能够承担一定水平的地租，降低了村集体主导型农地流转的成本，企业通过村集体的农地返租获得了土地要素，实行要素契约。北碚区的多彩园艺项目与胡桥方式有略微差别，该项目是由外地的龙头企业而不是本村集体企业经营，且村集体的权威性也不如胡桥，由于该项目是地方政府重点规划项目，村集体必然要对企业在土地使用权集中过程中给予支持，但是只能作为中介组织介入。而在北碚区的大地渔村项目上，养鱼业的成功提高了大地村的农地租金，进而提高了农地流转成本，限制了农地流转的规模，难以形成要素契约式的经营。为了克服在鱼苗的引进、饲料的购买、养殖技术指导以及商品鱼的出售等产前、产后等环节的规模劣势，养鱼农户自愿联合组成大地渔村养鱼协会这一专业合作社，以“农户主导型农地流转＋‘合作组织＋中小农户’”的契约安排运行。漯河粮源公司麦种项目和平罗县土地信用合作社示范村小店子村稻种项目在契约选择上的差异也体现了农地流转形式的影响。两个项目的行业特征非常接近，尽管没有上述项目的要素契约指向明显，但是，两个项目均要求农地连片成规模。在粮源方式中，对于这一缺乏资金和政府支持的中小企业，在部分村级集体控制力较弱的农村地区进行农地集中租赁的交易成本很高，同时难以解决好激励问题，因而通过引入“中间人”这一契约安排，将种子行业的部分资产专用性风险转移给对这些风险并不敏感的“中间人”，在实现连片规模经营要求的同时，避免了农地流转产生的成本和其他社会问题，同时兼容商品契约下的激励作用，化解了供需双方特定资产专用性风险。而在平罗县小店子村，土地信用合作社的出现，有效地降低了农地流转成本，从而可以直接由大户进行生产经营。所以，农地流转形式和农地流转交易成本深刻影响着农业产业化垂直协调的契约安排和农业产业化的发展，也从另一个方面表明了农业产业化契约安排的灵活性及其较强的适应性能力。

从农地流转形式来看，本书的案例涉及个体农户主导型、村集体主导型（含地方政府主导型）、中介组织介入型（包括专业合作社和村集体两类主体）等各种流转形式，基本上反映了当前农地流转制度的创新，见表 9—4。

表 9—4　本书案例在农地流转形式上的分布

农地流转形式类型	个体农户主导型	村集体主导型		中介组织介入型	
		村委会	地方政府	合作社	村委会
案例	漯河粮源方式、北碚大地渔村项目	漯河胡桥方式	北碚区重庆农谷项目	蓬莱葡萄生产合作社	平罗土地信用合作社、北碚多彩园艺项目

其中，个体农户主导型农地流转方式的有漯河的粮源方式、北碚的大地渔村项目等，具体流转方式有互换、租用、转包和代耕代营。前者因为非农经济的欠发达和非农就业机会的缺乏，后者因为水产养殖产生较高农地租金，导致农户对农地具有较强的依赖，偏高的农地流转交易成本抵消了农地流转收益，因而难以大规模流转，只是在农户间的流转，基本上不存在农地流出户利益受损的问题。但是，由于在流转过程中缺乏规范的合同，容易导致出现农

地流转纠纷。因为受经济形势或者国家政策变动的影响，部分从事非农就业的农户回流，要求收回农地使用权，引发了一些农村社会矛盾，如何加强这一形式农地流转的规范化是亟须解决的。而且，个体农户主导型农地流转形成的农业产业化契约安排，在产业链和利益联结上非常松散，制约了农业产业链向高端延伸和附加值的提高，而且中小农户也基本上很难分享到价值链延长所能带来的福利增进。

村集体主导型的农地流转方式有漯河的胡桥方式和北碚的重庆农谷项目。前者以村委会为主导，采用农地“返租”的形式。尽管这一形式和国家规则存在冲突之处，但是，规避这一规则对于乡村共同利益以及利益集团自身在经济资源控制上是有利的。所以，精英集团利用较为规范的合同，通过较高的利益补偿和示范效应引导农户自愿参加，实现了农地使用权的大规模集中和农户福利水平增进的农地流转绩效，尽可能避免了与国家规则的冲突。这一案例表明，一刀切地制止各类村集体主导型农地流转形式的政策值得商榷。但是，也不可否认，国家规则的制订很难弹性处理，因为一旦规则存在过多的弹性，规则的执行、监督成本偏高，直接导致规则的难以实现。我们认为国家规则中关于“自愿”的关键性原则是必须坚持的，是维护农户权益最基本的前提，决不能动摇，如何坚持“自愿”原则以及关注“自愿”意向在动态发展过程中演变是村集体主导型这一农地流转形式健康发展的关键。重庆农谷项目是地方政府主导型的农地流转先行运作方式。该项目突出的特点在于，考虑到农业产业化的发展，不仅涉及农地的流转，还涉及产业链延伸所需的建设用地，因此在“不得改变土地用途”的原则下，如何整合农村分散的建设用地，涉及土地总体规划的修编，如占补平衡等问题，需要地方政府的介入并起主导作用。这一方式在推广和运行的过程中，首先做好详尽可行的规划，其关键是根据产业规划引进或者扶持本地龙头企业，培养农地需求方，其核心是尊重和保护农户的土地承包经营权，从农地流转收益的分配、农户的居住、就业、医疗、养老等方面保护、增进农户土地承包权益，通过增进农户福利来促成农户自愿流转。

中介组织介入型农地流转方式有蓬莱的南王山谷葡萄生产合作社、平罗土地信用合作社以及北碚多彩园艺项目。南王山谷葡萄生产合作社通过企业出资入股、农户土地承包经营权折价入股，共同组成专业葡萄生产合作社，实行股份合作制。这种股权安排，一方面保留了要素契约在避免龙头企业和中小农户之间机会主义行为的优势，赋予农户基于其土地承包经营权的股权，强化了农户与生产合作社的利益一致性；另一方面也符合“不得改变土地集体所有性质，不得改变土地用途，不得损害农民土地承包权益”的原则，使分散的农户具有表达意愿、保障权益的组织，重视中小农户的收入增长和风险规避问题，通过固定股息将土地的保障功能货币化并完善入社农户的养老、医疗、教育、就业的保障，降低个体农户家庭的风险，设立生产风险基金，用于农民灾年市场风险带来的损失补偿，降低系统性的跨期风险。但是，合作社并不参与利润最丰厚的高端葡萄酒加工和高端葡萄酒销售的产后环节，如何进行进一步的制度创新，让中小农户在尽可能避免风险的同时参与产后环节利润的分配，是制度演进的方向；在股权结构中，农户的土地承包经营权所得绝对股数给定，需要对企业资金股权比重做出明确限制；这一方式的运行很大程度上依赖于龙头企业的强大实力，因此对于欠发达地区而言，推广意义不大。平罗的土地信用合作社是由地方政府推动的且需经地方政府审批注册的、由村级集体主导的、遵循国家规则的土地承包经营权流转中介机构，具有明确的经营宗旨、经营范围、经营原则、审批机制、治理结构和分配政策，是基本上符合中国农村土地制度发展方向的一次农村土地承包经营权流转制度的创新。各土地信用合作社的章程均明确规定要遵循农户自愿存地的原则，所以，关键要拓宽非农就业渠道、保障农户的存地收入、完善农民的社会保障等常规性的措施和从制度上完善对农户利益的保护，提高农户的存地意愿。合作社实行以贷定存的运作模式，因此前提在于引进或者培育高效益的农业产业化项目；作为一项地方政府力主的制度创新，要避免重规模、轻效益的扶持政策，甚至异化为地方政府/村集体主导型的农地流转。另外，在运行过程中存在存地期限过短的问题，进而限制了贷地需求方农业产业化行业的选择，难以平抑短期波动，龙头企业或大户不愿意投入基础设施甚至进行掠夺性开发，因此形成对延长农地存期的正向激励也很重要。从土地信用合作社的运作来看，这一制度适宜于农业产业化比较发达、非农就业机会多或者人均耕地多的地区。

最后，不难发现，上述案例的成功运行，无论是从农地流转形式的设计，还是从农业产业化垂直协调契约安排来看，都非常重视农户的权益保护。这种权益保护主要是通过提高农地流转后农户福利水平来体现的。比如，给予土地使用权流出农户的租金高于其通过大田作物的收益，尽可能为农户提供就业机会，提高其工资性收入；一些地方政府或者村集体主导型的农地流转，还通过完善养老、医疗、教育等社会保障体系来保障、提高农户的权益，使农户在经济理性的动机下自愿做出农地流出的决策。只有充分保障农户权益，才能从根本上顺畅农地流转，为农业产业化龙头企业、合作组织提供良好的经营环境。同时，这些利益的保障最终来源于农业产业化成功运行形成的利润，因此，仍需要从农业产业化和农地流转的关系入手，推动两者的发展。此外，从对蓬莱高端葡萄酒项目和重庆农谷项目的分析来看，处理好农业产业化和农地流转的关系，除了考虑农业用地之外，还应该考虑非农用地的流转问题。目前的非农用地流转主要有宅基地换房等形式，一般用于房地产等开发，难以带动农户福利的进一步增加，反而容易引发社会矛盾，而基于农业产业化发展的农村非农用地流转，可以带动乡镇地区一二三次产业的和谐发展，解决当地农户就业，促进农村基础设施建设的完善，进行具有产业支撑的社会主义新农村建设，实现现代工业、服务业与现代农业、生态与经济、城市和新农村统筹发展。

9.2 政策建议

农业产业化是中国农业发展的主流路径，农地流转是农业产业化发展的重要前提，很有必要理顺农业产业化和农地流转之间的关系，促进农业产业化和农地流转的健康发展，加快农业现代化进程，提高农民收入，构建产业和谐与城乡和谐。在本节中，根据理论分析框架以及案例研究中发现的问题，重点讨论政策建议。农业产业化和农地流转是一个系统性的工程，涉及国家制度安排、区域性的问题以及不同农地流转形式的细节问题，因此，我们将从中央政府、地方政府以及涉及具体农地流转形式的细节问题这三个方面出发，提出相应的对策思路。

9.2.1 中央政府采取的对策

(1) 机构设置与调整

部门职能之间的分割和交叉,容易造成政府行为的错位、越位和缺位,降低行政效率。合理的机构设置与适当的机构调整,理顺部门之间的关系,有助于提高政策制定的科学性和政策执行率,从而提高行政效率。

首先,农业产业化项目涉及传统的农、林、牧、副、渔,甚至包括休闲旅游行业,应该是一个大农业的范围,林业是目前我国农业产业化发展的重要领域。而我国在机构设置上将农业部和林业局分离,这在一定程度上形成了上述主要涉农部、局之间可能存在的不协调。比如,近年来一些对农业补贴的支持并没有林业的份,随着林权改革的深化,林地产权体系趋近于耕地产权体系,两个部门之间有必要在管理上加强协调,可以考虑在条件成熟的时候将两个部门合并,有助于支农政策和支农资金在林业的落实,从而推动各类农业行业产业化的均衡发展。

其次,农业产业化和农地流转是一个系统性工程,农业产业化涉及一二三次产业,其经营问题涉及国民经济的各个部门,而农地流转也涉及土地、户籍、社保等多个部门,因而,与农业产业化和农地流转相关的行政职能分散于国家发改委、财政部、商务部、农业部等部委和国务院直属机构,还包括分属于国务院部委管理的国家局,如国家粮食局等。这种职能分散造成了部门间利益难以协调,对农业产业化和农地流转扶持政策难以细化、落实。为了协调相关部门之间的关系,综合各部门的观点,促进相关政策的落实,我们建议由中央财经领导小组牵头、中央农村工作领导小组具体负责，由农业部组织国家发改委、财政部、商务部、中国人民银行、民政部、人力资源和社会保障部、国土资源部、环境保护部、水利部、国家税务总局、林业局等部委和国务院直属机构，还包括分属于国务院部委管理的国家局，如国家粮食局、食品药品监督管理局等部、委、局的相关职能部门以及涉农政策性银行、保险公司等金融机构组建“全国农业产业化和农地流转联席会议”，定期举行会议，重点讨论制度改革、政策制定以及政策落实问题，通过联席会议这种形式来共同推动农业产业化和农地流转的健康、有序、合法发展。

最后，从实践上来看，出于政绩或者私利的诉求，存在少数地方政府和村委会在农地流转上侵害农户合法的土地承包经营权利等现象，农地问题也是目前信访问题最重要的方面之一。因此，可以考虑在国家相关部门设置专门的农民权益保护中心，专业化处理包括农民土地权益在内的农户权益侵害问题。

(2) 制度创新和完善

相对于地方政府，中央政府凭借主权身份在全国性的制度建设上有明显的规模经济优势，而且在分权化的政治体制下，一些涉及地方利益协调的问题，也需要中央政府的介入。农业产业化发展和农地流转过程中所涉及的一些全国性的、根本性的问题，如农地的产权体系问题、耕地和农民权益保护问题、农业产业化发展扶持问题等，又比如一些涉及地区关系的问题，如社会保障的全国统筹问题等，都需要中央政府从国家层面的制度创新和完善上来破解。

——完善和落实农地制度

中国当前的农地产权安排，是在长期以效率和公平为主题的制度变迁中探索总结而形成的，符合中国当前农业生产特点的制度安排。从农地流转的实践来看，赋予农户长久而有保障的土地承包经营权是农地产权制度的核心，只有依法保障农民对承包土地的占有、使用、收益等权利，才能形成公平的农地流转市场，从根本上避免地方政府或者村集体对农户土地承包经营权的侵害，促进农地流转。需要改变因为土地承包权来源于合同而认为其具有债权性质的错误观点，农民土地承包经营权的获得，是创设物权的行为，是具有法律意义的按人口平均分配取得的，这种权利不可因农民想多承包就能多承包、想不承包就剥夺其承包权，它与一般的债权是不同的，其性质更偏向于物权(赵继新，2002)。因此，国家应该从法律上明确规定其物权属性，使农户成为农地流转法定决策主体，从而限制地方政府或者村集体凭借虚化的所有权身份强行干涉农户农地流转决策，如为了满足要素契约需要在一些集体主导型农地流转中出现的对农户承包经营权的侵害。同时，农地承包经营权的物权化需要以土地承包经营权的长期化为支撑，短期的农地承包经营权自然影响到地权的稳定性，不稳定的土地承包经营权就没有物权化的意义了，且导致农户对农地缺乏长期预期，更无法使农地使用权流入方形成长期预期。十七届三中全会提出，农民的土地承包经营权长久不变，从而从期限上对这一权利做出了长久的保障。

其次，制定农地流转的基本原则，根据十七届三中全会的《决议》，在“土地承包经营权的流转，不得改变土地集体所有性质，不得改变土地用途，不得损害农民土地承包权益”的前提下，“按照依法自愿有偿原则，允许农户以转包、出租、互换、转让、股份合作等形式流转土地承包经营权，发展多种形式的适度规模经营，有条件的地方发展专业大户、家庭农场、农民专业合作社等规模经营主体”。根据这一思想，考虑到《农村土地承包法》法律法规在农地流转方面的规定也以一些原则性的语句为主，国家应该进一步完善相关法律法规，或者通过制定具体的实施条例，将上述前提和原则适当具体细化。“不得改变土地集体所有性质”这一前提和“依法”这一原则相对较好理解，但是后两条前提和原则在具体化的过程中可能会面临很多困难。

比如，“不得改变土地用途”这一条，需要与当前农村土地流转制度创新中所谓的“占补平衡”相统一。随着农业产业化发展的逐步深化，农业产业化项目在二三产业的延伸上往往涉及非农建设用地的使用，因而可能会面临部分土地用途变更的问题，特别是在农业产业化发达的中心城市郊区表现明显，这实际上涉及整个农村土地利用规划问题，所以，基于农业产业化的农地流转要和农村建设用地的流转结合起来。“占补平衡”的方式可能是一个解决的途径，但是，笔者认为，目前主要“平衡”是数量，而农地质量是否达到“占补平衡”，还需要从制度上加以规范。比如在占补过程中，所补之地质量若不如所占之地，则要求所补之地数量多于所占之地，从而达到真正的占补平衡。

“不得损害农民土地承包权益”是一项更难以用可观测变量来度量的前提，但与自愿、有偿的原则密切相关。因为在理性的假设下，只有自愿，才能表明农户在农地流转过程中权益没有损害，而只有有偿才能弥补农户农地流出后的权益损失。真正的自愿是保障农户权益的根本。对于自愿问题，需要强调这一原则和村民代表大会上的少数服从多数原则之间的关系，在实践中，自愿原则可能会受到后者形成的决议的侵扰。但是，农民的土地承包经营权本质上是一种物权，在遵守国家与土地相关的法律之后，不应该受制于村民代表大会形成的决议。因此，在制定农地流转的相关条例的过程中要注意与《村民自治法》等法律的协调。此外，关于有偿的原则，从我们的案例来看，不考虑工资性等其他收入，农地流出的农户收到的租金、存地利息或者固定股息均不低于也不明显高于其自己耕种大田作物的收益(不含农户自己的劳动投入成本)。[①] 这一补偿额实际上将农地的社会保障功能货币化，可以设置一个农地流转补偿的最低标准，比如规定该农地流转收益的下限不得低于其大田作物的产量，当集体主导型农地流转过度侵害农户权益时，农户根据这一量化规定进行抵制、申诉。但是，这会对一些农户主导型农地流转产生负面影响，比如一些从事非农就业的农户，其从事农业劳动的机会成本很高，倾向于较低的价格甚至是零价格。根据叶剑平等(2006)的数据，这一类型的农地流转中，50.9%的农户未收到流转价款，现金补偿的中位数为133元/亩，粮食补偿的中位数为691斤/亩。如果依照上述的最低标准，90%以上的农户主导型农地流转难以进行。因此，有偿原则的量化也因为农地流转形式的差异和农户农业劳动投入的机会成本差异而非常困难。

——创新、完善农村社会保障机制

城乡分割、区域分割的户籍制度以及依附于其上的就业、养

① 考虑农户耕种大田作物收益时，不纳入农户自己的劳动成本有一定的道理，因为当农户丧失非农就业后，其农业劳动投入的机会成本仅为闲暇的减少，而失业农户的闲暇边际效用很低，因此，农业劳动投入的机会成本亦很低，农户在考虑其农地收益时自然倾向于不考虑自身的劳动成本。而且，在剩余劳动力存量较高的情况下，按照农业劳动的市场工资水平计算农户自身的劳动成本亦是不正确的。

老、医疗、教育等社会保障制度成为阻碍农地流转的重要因素。今天来看，户籍本身的意义并不大，而依附于其上的社会保障制度等公共服务差异才是至关重要的。推进户籍制度改革，在放宽中小城市落户条件、鼓励在城镇稳定就业和居住的农民转变为城镇居民的同时，关键在于完善城乡、区域一体化的以社会保障为主的公共服务。

农村社会保障制度是通过国家立法的形式，对农村社会成员由于年老、疾病、伤残、失业、死亡及其他灾难发生而使其生存发生困难时，提供的基本生活保障或帮助而建立起来的一种社会救济制度，其基本内容一般包括社会保障、社会救助和社会福利等三个部分（刘艳，2007）。家庭联产承包责任制实施以来，原先依赖于人民公社的农村社保体系瓦解，随着村级经济实力的衰减，"五保户"制度、合作医疗以及军烈属优抚安置等一些传统的农村社会保障功能受到削弱。而且，依赖于城乡二元分割的户籍制度而运行的城乡二元社会保障体系，对农民在就业、教育、医疗、住房、子女入学等方面存在一定的歧视政策，新型的农村社会保障体系尚未建立起来。所以，对于农民而言，土地承包经营权实际上承担着社会保障的功能，尽管部分农民已经离土离乡，但是其未被社会保障体系所覆盖，仍不得不固守土地作为最后的保障。农地的这一社会保障功能成为维护农村社会稳定进而国家稳定的重要基石。

而农地流转的市场化，是对经济效率的追求，通过农地使用权的流转而实现农地要素的配置，提高经济效率。实际上，农地流转的收益是农地社会保障功能的实现，因此，两者之间并不存在本质性的冲突，而且，通过农地流转提高农地生产能力，为农地的社会保障能力的提高奠定了基础。而实践中的冲突主要来自于两个方面，一是农地流转的收益不足以补偿农户农地流出的成本，这一问题的解决我们在上文中加以论述；二是由于农民的社会保障过度依赖于农地，非农就业机会和非农收入的不稳定，导致农地流转供应零碎且不稳定。因此，笔者认为，不应该取消农地的社会保障功能，而是通过逐步建立完善的农村社会保障体系来降低农户对农地社保功能的依赖性，特别是主要农地流出方——农民工，从而减少农户对土地的依赖来提高农地流转供应量，特别是其稳定性，而农地流转供应量与稳定性水平的提升，则有助于提高农地生产功能的发挥，进而提高农地社保功能，进入一个农地流出方和农地流入方共赢的良性循环。

从长远来看，需要建立城乡一体化的社会保障体系，但是在近期内，国家很难有足够的资金实力完成这一任务，因此，农村社会保障体系的完善是一个渐进的过程。社会保障体系的建立需要中央和地方政府共同来完成，中央政府首先要启动农村社会保障体系的改革，要求各地“贯彻广覆盖、保基本、多层次、可持续原则，加快健全农村社会保障体系”。首先，按照个人缴费、集体补助和政府补贴相结合的要求，建立新型农村社会养老保险和医疗保险制度。其次，重视就业保障体系的建设，可以先把已经在城市稳定就业的农民纳入城镇社会保障体系，并保证那些流动性较大的农业劳动力在用工期间的社会保障问题，比如扩大农民工工伤、医疗、养老保险覆盖面。最后，重视农民工权益保护，逐步实现农民工的劳动报酬、子女就学、住房租购等方面与城镇居民享有同等待遇，实现教育、医疗等公共资源的均等化配置，从而稳定和促进农村劳动力的非农就业，进而提高这些劳动力在农业投入方面的机会成本，促进农地稳定流转。

由于中国农村劳动力的非农就业相当一部分是通过跨县、市、省流动实现的，因此，在建立这些跨区非农就业劳动力的保障体系上涉及地区利益的平衡问题，最为突出的就是农民工养老体系关系转移接续问题，即如何在全国层面实现养老、医疗保险的统筹，这需要中央政府的介入。比如在养老金方面，中国目前实行的是“统账结合”的养老金保险制度，主要由个人与单位双方缴纳保险费，个人缴费比例为 8%，企业缴费比例一般不超过企业工资总额的 20%，分个人账户和统筹账户。由于目前养老金保险制度是分省、分市甚至分县而治，劳动者无法实现转保。对于农民工而言，很难在一个地区完成“累计缴费 15 年”的门槛，一旦在当地失业或者转移到其他地区就业，劳动者只能选择“退保”，而退保的所得仅为其个人的缴费部分，统筹部分则沉淀于当地社保系统，形成了外来贫困群体补贴发达地区养老保障的奇怪现象。而且这一人群的流动性也较大，陷入到“参保—退保—再参保”的循环之中，却无法越过 15 年的门槛，农民工的养老体系在这一体制下行同虚设。① 在经济不景气期间，这一问题更为突出②，恰恰在最需要保障的时候，农民却“自愿”放弃了养老保险，而通常这些人群是主要的农地流出户，他们不得不重新依赖于土地的社保功能，容易引发农地流转纠纷。因此，笔者建议，中央政府应该改革这一完全与地方利益密切挂钩的基本养老保险制度，尽快建立起养老金等社会保险体

---

① 以外来人口比重较高的深圳为例，2007 年，全市有 439.97 万人参加基本养老保险，而退保人数高达 83 万人，按最低工资 800 元计算，仅这一项退保人为当地贡献 8 亿元；而在深圳市享受养老金的近 13 万人中，非深圳户籍仅 230 人（苏永通，2009）。

② 比如 2008 年下半年，宏观经济衰退，东莞大量企业倒闭，出现大量农民工连夜排队退保的现象。

系跨区转移体制，比如对养老金而言，可以通过办理“公民社保卡”，全国通用，其基本养老保险关系随本人转移，个人退休时，基本养老金按照退休时各缴费地的基本养老金标准和缴费年限，由各缴费地分段计算，退休地统一支付，国家再统一协调，从而建立起真正适宜于农村非农就业劳动力特色、重视维护其权益的社会保障体系。

(3) 扶持措施

以上的政策建议主要是从如何促进农地流转和保障农户权益的角度出发，根据理论篇的分析，农地流转的交易成本直接影响农业产业化的发展和契约安排。当然上述问题的解决可以降低农业产业化龙头企业面临的农地流转交易成本，促进农业产业化的发展。同时，农业产业化是对农业产前、产中、产后环节的垂直协调，降低市场协调的交易成本，提高生产和交易效率，进而提高农业生产的比较利益，而这为农地流转实现效率提高提供了基本前提，而且，农业产业化的成功发展能够对农地流转起到润滑剂的作用。所以，无论是对于农地流转还是对农业产业化发展而言，都很有必要讨论直接促进农业产业化发展的扶持措施。自农业产业化经营模式出现以来，中央政府对农业产业化的认识和扶持政策经历了三个阶段：在20世纪80年代末期到90年代中期，提倡和鼓励阶段；20世纪90年代后期，正式确认阶段，1998年国家正式确认了农业产业化经营这种新的经营方式，并把培育龙头企业作为发展农业产业化的关键，要求各部门和各地加大扶持力度；进入新世纪以来，农业产业化的扶持政策进入第三阶段，出台了大规模的扶持措施(农业产业化发展报告编委会，2007)。

尽管农业产业化历史悠久，但是农业产业化经营方式却是在工业革命以后开始萌芽并逐渐发展起来的，而我国市场化为导向的农业产业化起步于20世纪80年代，与美国、欧盟等发达国家和地区比较而言，发展水平相对滞后，且面临资金紧张、技术创新能力低下、产品销售难度大等问题，是典型的幼稚产业，而且，农业产业化的经营方式是我国农业发展的主流路径，因此，中央政府很有必要重视扶持农业产业化的发展，笔者将从财政政策、金融政策、中央企业的社会责任等三个方面提出扶持措施。

——财政政策

在支持农业产业化发展过程中，财政政策一直是最重要的手段之一。财政政策包括财政支出政策和税收政策。首先，从财政支出来看，中央政府通过中央财政并要求地方财政支持龙头企业建设生产基地，通过农业生产基地的建设，带动农户参与产业化经营。在财政支出过程中，应该注意农业产业化发展的区域差异，而通常根据龙头企业实行的财政支出支持可能会造成区域差异的进一步提高。因此，应该适当降低中西部地区龙头企业的认定标准，使这一部分财政支出偏向于中西部地区，促进农业产业化的区域平衡发展。

其次，从税收政策来看，笔者认为税收优惠政策应该由财政部和国家税务总局制定，不宜放权给地方政府，避免造成恶性的区域税收优惠竞争。应该减轻产业化企业的增值税负担，目前已有的税收优惠虽然对农业企业有一定的积极作用，但是力度仍然有限，操作复杂。应在全国范围对农业产业化龙头企业实行完全的消费型增值税，取消部分进口产品加工设备进口关税和进口环节增值税。此外，考虑农业产业化是对产前、产中、产后环节的垂直协调，涉及大量的企业内部或者紧密的契约安排主体间的产品相互提供,应该免征企业内部相互提供产品增加的增值税和营业税。

第三,从目前的财政和税收优惠政策来看,主要偏向于龙头企业,农业生产专业合作社等中介组织在一定程度上被忽视,而这些中介组织恰恰是重要的农业产业化经营主体。所以,应该进一步加强对农民专业合作组织的扶持,可以设定合作组织的认定标准,包括经营业务范围、经营规模、带动农户数等指标,对符合标准的农民专业合作组织及其所办的加工、流通实体减免所得税、营业税等税费,中央财政对其生产基地的建设给予支持。

最后,税收和财政优惠的关键意义不在于简单的优惠,而在于引导作用。应该重视通过税收优惠促进农户和龙头企业、农户和合作组织形成更紧密的契约关系,降低农业产业化垂直协调的交易成本。比如可以根据不同的契约连接方式设定差异化的税率,鼓励龙头企业采取设定保护价的订单方式或按股分红的股份合作制等紧密利益联结机制。应该引导企业进行科技开发和创新,规定企业研发所发生的各项费用,不受比例限制,计入管理费用,实行技术开发费用在所得税前扣除的政策,设立专门的农业产业化科技创新基金,对企业的技术研发、引进、推广以及建立农业科技研发中心提供财政支持。通过财政补贴和出口退税鼓励产业化组织积极参与国际竞争,提高竞争能力,具体包括根据规定对农产品及其加工品出口项目融资予以财政贴息。中央财政加大对出口型农产品生产基地支持,补助重点出口农产品行业协会的运行,对农产品及其加工品的出口实施并提高出口退税率。

——金融政策

农业产业化在发展过程中面临投资成本高、融资渠道窄、筹资难度大等问题。由于农业产业化涉及农业生产环节,一些要素契约或者股份合作制契约需要通过农地流转完成农地使用权的集中,这往往需要大量的先期投入,更为关键的是,不同于工业用地,流转到企业手中的农地使用权不具有抵押权,无法根据农地使用权获取银行的融资,进一步增加了企业的资金压力。此外,农业行业波动明显,风险较大,进一步恶化了其筹资能力,而且,一旦企业缺乏足够的资金平抑这一风险,资金链断裂,就会造成农业产业化经营的失败,将对农户造成巨大损失,亦使农地流转彻底失败。因此,我们需要讨论如何增加企业和农户的融资渠道建设以及构建合理的农业保险体制。

1)融资渠道建设。根据十七届三中全会《决议》,创新农村金融体制,放宽农村金融准入政策,加快建立商业性金融、合作性金融、政策性金融相结合,资本充足、功能健全、服务完善、运行安全的农村金融体系,满足龙头企业、合作组织以及中小农户的资金需求,降低上述主体的融资成本。融资分为直接融资和间接融资两种方式。间接融资主要来自商业银行、政策性银行以及企业发行债券,间接融资通常还涉及信用担保的问题。直接融资则主要通过企业上市以及产业投资基金的进入。从间接融资来看,首先,中国农业银行等商业银行应该将扶持产业化经营作为信贷支农的重点,给予企业、合作组织等主体贷款利率优惠,提高其贷款授信额度,创新信贷担保手段和办法,采取动产质押、仓单质押等多种形式。比如,需要大量农产品原料投入并采取订单形式的企业,因需要支付大量订金而导致经营过程中资金链紧张,商业银行可以根据合同核定所需收购资金,根据授信给予信贷支持。其次,农业发展银行作为政策性银行,并不以盈利为目标,而是为国家的方针政策服务。显然,农业产业化是中央政府大力支持的农业发展方式,因此要积极筹集农业信贷资金，加大对农业产业化的信贷投入，促进农业产业化的顺畅发展。第三，鼓励大中型商业银行创办村镇银行，推进农村信用社的改革，发挥村镇银行在克服农村金融交易中的信息不对称、有效遏制农村资金外流、经营机制灵活、委托代理成本低等方面的优势，加大对农业产业化项目的信贷。第四，建立和完善信用担保体系，尤其是要成立政策性的中小企业信用担保机构，鼓励企业间成立非盈利性的户主担保机构，发展盈利性的民营商业性担保机构，为农业产业化企业间接融资提供担保。最后，在农业产业化发展的前提下，原有以小额农贷、不动产抵押为主的农村金融供给模式明显滞后，积极试点农村信贷担保创新，推行土地承包权、林权、海域使用权等流入方以合法流入的产权作为质押，尝试以集体产权土地或宅基地上所建造的房屋作为抵押，构建种养大户、多种经营户、中小企业的信用共同体等担保模式创新，完善农村产权交易的基础设施。

从直接融资来看，积极引导大型龙头企业公开上市，同时在创业板上增加农业企业的比重，另外，可以以金融机构作为发起人，采取公募或者私募的形式成立产业投资基金，引导上述基金进入农业产业化领域投资，国家发改委在这些基金的审批上提供快捷绿色通道，对具有发展前途的项目予以配套资金支持。通过这种直接和间接融资渠道的构建，解决农业产业化经营主体的资金困难，降低其获取资金的成本。

2）农业保险体制。由于农业生产领域的高不确定性以及保险机构和投保人之间明显的信息不对称，逆向选择和道德风险提高了交易成本，形成了高赔付率和高保费率，而高保费率引发低投保率，低投保率进一步提高保费率，因此进入一个恶性循环，从而导致农业保险的萎缩，农业保险的市场份额持续下降。这种信息不完全的市场缺陷表明需要政府的介入。我们从农业产业化与农业保险之间的互动机制①可以看到，农业产业化的发展依赖于农业保险体系的构建。因此，中央政府应该加快农业保险立法，明确农业保险的性质为政策性保险，对农业保险的组织形式、保险金额的确定以及具体的理赔政策加以规定，对农业保险的经营业务收入予以免税；可以考虑成立专业的农业保险公司，承保商业性保险公司所不愿意介入的农业行业，由中央和地方财政共同补贴；成立专门的农业保险基金，用于抵御较大的农业灾害事故，补贴商业性保险公司所从事的农业保险；最后，鼓励利用农业产业化的组织形式进行农业保险方式的创新，比如根据农业产业化的产业链所涉及的主体，形成由龙头企业、合作组织、农户等产业化主体共担农业风险的保险机制，将产业化组织作为一个农业投保组合，可以通过产业化组织内部信息不对称程度相对较低的主体间的相互监督，减少由道德风险和逆向选择带来的交易成本（虞锡君，2005；姜俊臣等，2008）。通过有效的农业保险，可以降低农业产业化各经营主体所面临的不确定性，促进农业产业化的投入；同时平抑经营波动，增强各主体抵抗自然风险、市场风险、技术风险的能力，提高农业产业化经营的成功率，从而促进农地流转的稳定。

——央企的社会责任

从山东烟台南王山谷葡萄生产合作社的实践来看，中央企业

① 这种互动关系表现为：农业产业化激发和强化农业生产者的保险意识，提高其投保能力，形成农业保险的有效供给和组织基础；而农业保险为农业产业化经营风险提供保险、促进产业化组织内部利益联结机制的完善以及提高产业化水平（虞锡君，2005）。

凭借其巨大的经济实力和组织能力，通过合适项目的选择，在推动农业产业化高效发展、农地健康有序流转、农民福利水平提高方面可以发挥积极的作用。

中国工业化进程的顺利进行离不开农业的支持，尤其是在我国工业化初期，工农业的价格剪刀差导致农业、农民利益的流失。因此，在进入工业化中期阶段之后，工业反哺农业是社会发展的必然要求。大多数中央企业凭借在部分行业一定的垄断竞争优势，尽享工业化进程推进的利益，所以，作为共和国的长子，更有义务去担当这一反哺的社会责任。特别是一些资源行业和房地产行业的大型企业，其经营过程往往涉及三农问题，比如矿区农民失地问题、矿区生态环境修复治理问题、房地产开发造成的农民失地、失业等问题。目前，很多企业在这方面主要通过一次性给予农民补偿来解决，而且主要通过地方政府来分配，而农民到手的补偿偏低。最为关键的是，这种补偿难以从根本上解决农民的失地、失业问题，缺乏可持续性。大型央企在补偿方案的设计中应该更注重“造血功能”，比如完善地区农业生产条件和相应的基础设施，通过自己投资或者提供各类条件引进龙头企业；加大对农户的技能培训，创造各种条件解决农户非农就业；促进农地流转的顺利进行，通过农业产业化对中小农户的联结带动作用，通过产业链的延伸解决农民就业问题，促进农民福利水平的提高。

而且从本书案例的实践来看，中粮集团在农业产业化和农地流转过程中收益颇丰，实现了企业与农户共享垂直协调的得益。因此，这种共赢的局面意味着工业对农业的反哺，不仅仅是社会责任，更孕育着明显的商机。涉农央企应该利用其在技术研发、产品加工、市场销售等方面突出的实力，凭借其雄厚的资金实力和组织能力，参与到农业产业化和农地流转上来，打造具有国际竞争优势的特色农业产业带，建设具有国际竞争优势的农业产业深加工基地，在实现企业自身发展的同时，为我国的农业现代化进程做出应有的贡献。可以考虑推动企业与地方政府之间的人才交流，让企业中具有相关知识、视野的人才进入到农业产区市、县挂职，促进企业资源为区域城乡一体化建设服务。在这个过程中，通过各种农业产业化垂直协调组织形式的创新和农地流转制度的创新，促进农民在农业现代化进程中的利益增进，促进农村公共品供给的不断完善，促进城乡一体化的发展。

9.2.2 地方政府采取的对策

相对于中央政府，地方政府处于被领导地位，首先要贯彻中央政府的方针，具体细化、落实中央的措施；其次，由于区域差异明显，完全统一的政策可能会造成部分地区利益受损，而且，地方政府在对本地区的经济状况、农户偏好、农地状况、行业优势等关键信息上具有明显优势，便于地区性政策的设计和实施，比如区域性的基础设施建设和新型农业社会化服务体系建设。本部分将从地方政府的角度出发讨论促进农业产业化发展和农地流转。

(1) 落实中央政策措施

中央政府所制订的政策最终需要落实到地方这一层级。

首先，就农地产权安排而言，一是地方政府的职责在于落实农村土地的确权、登记、颁证工作，根据叶剑平等(2006)的经验研究表明，《农村土地承包法》的实施和宣传、30 年土地承包经营权合同书的签订以及承包经营权证书的发放，都与农地流转呈正相关。二是在农地流转制度建设上，地方政府则面临如何遵循中央政府提出的三大前提和三大原则的问题。与中央政府面临的困难一样，地方政府的着力点也在于如何坚持“不得改变土地用途，不得损害农民土地承包权益”的前提和“自愿有偿”的原则。笔者认为，对于农业产业化过程中可能涉及的土地用途改变问题，地方政府对具体项目的状况更为了解，可以成为处理这一问题的主体，其应该在严格遵循“质量和数量意义上的占补平衡”的原则下，做好详尽可行的规划，做到规划先行，修编土地利用总体规划，报经中央政府同意方可实施。在农民土地承包权益维护以及自愿有偿的原则方面，以往的实践中出现地方政府，尤其是基层政府联合村集体侵害农户权益、凭借政府权威性强制流转农地等问题，破解思路从根本上讲，应该以政治体制的完善为出发，强化基层人民代表大会的权威性、增加基层人大代表中农民自选代表的比重，密切人大代表与普通农民的联系，从而强化对地方政府的监管。三是地方政府要进一步健全农村民主管理制度，发展而不能干涉农村基层民主，扩大村民自治范围，依法保障农民知情权、参与权、表达权、监督权，切实将国家关于农村政治体制的法定安排落到实处。四是地方政府应该完善农地流转交易的组织构架、基础设施建设。在我国农地产权安排下，长期以来不存在农地市场，缺乏农地特征的显示，包括土壤的肥力、农地的位置、基础设施状况、适宜行业、承包户是否愿意流转等，以及相应的价格显示机制，尤其是在土地承包经营权对应农地极为分散的情况下，对于单个农户或者企业而言，面临巨大的信息成本，因此，我们很难完全依赖市场机制来解决农地使用权的流转。地方政府尤其是基层政府与辖区农地、农户的信息不对称程度相对较低，凭借规模在农地特征信息的获取和汇总上具有明显的优势。因此，可以考虑由地市或者县级基层政府牵头，建立地区性的农地流转中介组织，负责农地使用权市场信息的搜集以及咨询、预测和评估，培育农村土地经纪人或者经纪公司。比如在县一级设立农村土地使用权流转托管中心、服务中心，在乡镇建立流转服务站；通过网络、报纸等媒体定期发布农地使用权流转供求信息；该组织可以根据当地农地流转的现状以及农地的具体信息，确立科学的评估方法，确定最低保护价制度，使得农地估价有章可循（黄丽萍，2006）；最后，该组织还可以增加农地流转纠纷协调功能，调节流转过程中出现的矛盾。五是完善农地流转的合同规范，要求所有的农地流转都应该签订相应的合同，合同一式四份，分别由流转双方、村级组织及乡镇保存。合同上应该规定具体地块、流转期限、流转用途、流转金额及其计价、支付方式。流转期限不能超过承包期的剩余期，宜与流转用途相结合，比如林木业的流转期限通常长于大田作物，对于流转期限 3 年以上的，一定要注明流转金额的变动方式。

其次，在社会保障制度方面，地方政府首先要遵循国家的相关规定，将具体的管理工作和所需的资金安排到位，尤其是在社会保险体系的全国层面统筹上，需要地方政府的大力支持和积极配合。对于经济相对发达、财政实力较强的地区，可以加快城乡一体化的社保体系建立。此外，宏观经济的波动难以避免，而中小企业对经济波动的平抑能力较弱，但中小企业是农地流出户主体——农民工最主要的雇主，因而农民工往往是经济衰退时最容易受影响的就业群体。而当这些农民工一旦无法实现非农就业，特别是持续较长的经济危机，农户通常选择返乡从事农业劳动。因此，土地承包经营权除了社会保障功能之外，还具有一个突出的作用，即作为剩余农业劳动力的“蓄水池”。在经济高涨时，非农就业机会的“河床”扩张，农业劳动力流出蓄水池，露出部分“池底”，用于流转；而在经济高涨时，非农就业机会的“河床”收缩，失业劳动力向“蓄水池”回流，一旦蓄水池萎缩，则将引发“水灾”，影响社会稳定，这也是中央政府长期以来对成规模农地流转一直保持谨慎看法的主要原因之一。因此，笔者建议在地方政府这一层次建立农地流出户失业保险基金，保障农户临时性失地、失业问题。由地方政府来主导是因为相对于中央政府，地方政府对辖区内的农地流转状况以及农民工失业问题更为清楚，而中央主导的话，可能因为信息不对称出现地方政府虚报等问题，不过中央政府可以通过财政支出进行补贴。首先，各地区结合自身的条件制定农地流出户失业保险条例，明确被保险对象以及保险期限，保险对象应该为农地流出户、具有规范的流转合同且在农地流出期间具有非农就业经历，但不含二次流出户，即将流入的农地再流出的农户，保险期限为农地流出期，失业补助期限发放不超过农地流出期的 1/6；最后，保险基金的资金来源可由地方政府、农地流入方、农地流出农户合理分担，对于集体主导型的农地流转，村集体也应该分担一部分，中央政府根据基金规模、被保险人数、农地流转数等指标加以适度补贴。

最后，在中央扶持措施方面，在税收政策方面，地方政府主要是落实到具体的征收环节；在财政政策、农业保险等方面也是提供配套的财政资金；当然，对于发达地区而言，可以在支出方面提高力度，增加支持项目。在此，笔者将重点讨论地方政府在融资渠道的建设方面的工作。在间接融资方面，地方政府充分发挥其协调功能，协调好资金需求方——农业产业化经营主体和资金供给方——银行之间的关系。可以考虑由地方政府牵头，由地方财政出资，建立起政策性的农业产业化经营信用担保机构，解决地方金融机构惜贷的问题。地方政府积极引导国有商业银行、政策性银行以及邮政储蓄银行的地方分支机构稳定和拓展农村服务网络，扩大涉农业务范围，加强信贷支持，对于县域内银行金融机构新吸收存款，主要用于当地发放贷款。各地的农村信用合作社、农村商业银行、农村合作银行等农村金融机构具有很强的地方政府背景，往往由地方政府控股，因此，规范发展多种形式的新型农村金融机构和服务农村地区为主的地区性中小银行，是地方政府的一项重要金融工作，应该加强监管，大力发展针对中小农户的小额信贷，鼓励对农业产业化企业、合作组织提供信贷服务，保证地区性农村金融机构的信贷主要用于本地区农业、农村、农民的发展上，成为支持本地农业产业化发展的重要金融力量。此外，目前产业投资基金作为一种直接融资的创新模式开始出现，地方政府可以与一些公募或私募机构合作，共同出资建立地区性的产业投资基金，主要投资于农业产业化经营，解决企业投融资的困难；同时，投资基金的引入，有助于提升农业龙头企业内部经营管理的规范性。

(2) 促进劳动密集型非农产业发展和农村劳动力非农就业

非农产业的发展程度与非农就业的比例与农业产业化发展水平和农地流转规模呈明显的正相关，这一关系是已有的经验研究中所证明的最稳健的结论，也是农业产业化健康发展和农地规范流转最根本的动力和推力。因此，地方政府要重视这一问题，积极完善本地区投资环境，加快工业化进程，尤其要促进劳动密集型产业发展，推动农业生产向二三产业延伸；同时，积极开展对农业劳动力的职业教育与技能培训，加强与劳务市场的对接，切实推进农村劳动力非农就业。

——筑巢引凤，促进非农产业发展

非农产业的发展，尤其是劳动密集型非农产业的发展，可以解决大量农村剩余劳动力的就业问题，可以为农业产业化提供必要的资金、技术和管理人才，因此，农业问题的解决最终依赖于非农产业的发展。促进非农产业发展关键在于地方政府需要营建一个良好的区域投资环境，吸引外来企业或者培育本地企业从事非农产业的投资和经营。

区域投资环境是影响或制约一个地区投资的发生、投向、数量、效益等所有外部条件的集合。通常，我们把区域投资环境要素划分为硬环境和软环境两个部分。硬环境是指区域投资环境中所有有形要素的集合，主要包括一个地区的自然资源、地理位置、经济基础、基础设施等，是投资环境的物质基础。软环境是指所有与投资活动有关的无形要素，主要有政治、法律、行政效率等正式制度和人们的文化、观念、风俗、习惯等非正式制度。在我国的农村地区，尤其是欠发达的中西部农村地区，无论是以基础设施为主的硬环境还是软环境建设，都相对薄弱，需要进一步的加强。首先，科学制定乡镇、村庄的建设规划，如本书中重庆北碚案例，该区地方政府做了符合当地实际的详尽的农村产业规划、农地流转规划，对非农产业的吸引和培育以及相关基础设施的建设起到了指导作用，提升了行政效率，这本身也是软环境的建设部分。其次，加强乡镇和农村的道路、用水、能源等基础设施建设：基本实现所有乡镇和绝大多数行政村通油（水泥）路，形成城乡公交资源相互衔接、方便快捷的客运、货运网络；解决农村饮用水问题和乡镇工业用水问题；发展和推广沼气、秸秆利用、小水电、风能、太阳能等可再生能源技术，形成清洁、经济的能源体系。第三，将基础设施建设、非农产业发展与小城镇建设相结合。农村工业化为我国的工业起步和非农就业作出了巨大贡献，但是，也长期备受“规模小、竞争力弱、分布分散”的诟病，可以考虑从集约用地的目的出发建立小型工业园区，吸引、集中分散布局的中小企业，通过基础设施的完善和非农产业的发展，促进小城镇的建设和城乡一体化的进程。第四，考虑到本书研究的主题，为了促进农业产业化的经营，地方政府要加强农业基础设施建设，这是现代农业发展的重要物质条件。根据土地使用和产业规划，统筹安排，连片推进，成规模实施土地整治，鼓励经营主体开展土壤改良，维护、提升耕地质量；加强农田水利基础设施建设，鼓励经营主体开展小流域综合治理项目；支持农用机械的发展，有条件的地区推进适宜于本地区的农业机械化。农业基础设施的改善，有利于吸引农业产业化龙头企业的进入，进行设施农业的投入和经营。最后，非常关键的是，要强化地方政府的服务意识，进一步规范政务行为、执法行为，深化审批制度的改革，提高地方政府的行政效率和服务水平，切实营造一个亲商、扶商、安商、富商的良好氛围，创建一个良好的投资软环境。

投资环境的建设和完善是“筑巢”，接下来是“引凤”工作。要从本地区的实际出发，各地区的基层政府制定合理的产业规划，吸引外地乃至外国企业的投资，尤其是欠发达的中西部乡镇，积极承接发达地区、中心城市地区转移出来的产业，主要是有利于当地比较优势的劳动密集型的制造业。笔者认为，在“引凤”的过程中尤其要注意引导好两类“凤凰”。一是要积极吸引发达地区率先发展起来的农业产业化龙头企业在本地区进行农业产业化开发，这些企业具有较强的竞争优势，包括在技术研发、产品创新、经营管理、市场营销等方面，因此可以提升本地区农业产业化水平，除了成为其农产品生产基地之外，还要设法将其加工基地和部分研发基地也建立在本地区，充分发挥其示范作用和溢出效应。在我们的案例中，如蓬莱引进的中粮集团、北碚引进的浙江森禾集团都是典型的成功案例。二是要推进所谓的“回引工程”，吸引本地外出务工经商人员回乡兴办企业，尤其是农业产业化经营企业。这些人员长期在外创业，熟悉某一行业的技术、营销和管理，是优秀的企业家人才，地方基层政府要积极利用地缘优势，激发这些企业家的乡土意识，引导这些企业家类型的人力资本带资金、技术、项目回乡创业。在我们的案例中，平罗县万家营子土地信用合作社理事长刘学贵是该地区成功的建筑商，回乡成立和盛园花卉园林实业发展公司，流入农地 360 亩，解决该村 600 余人就业，为其建筑企业的绿化项目提供花卉苗木。最后，也要重视培育内生性的本地涉农企业，这些企业往往对本地的现实情况具有较强的适应性，而且其根植性强于前两类企业。在我们的案例中，漯河的粮源公司、胡桥苗木公司都是典型的本地内生性企业。

——提高农村劳动力素质，促进农村劳动力的非农就业

促进农村劳动力的非农就业，提高工资性收入在农民收入中的比重，增加农村农业劳动投入的机会成本，是农地流转最直接也是最有力的推动力。除了通过非农产业的发展增加对非农就业的需求之外，要从提高农业劳动力的素质和加强对劳动力的供需协调入手。

提高农业劳动力的素质，提高农村劳动力人力资本存量是基本前提。首先，加强农村的基础教育投资，建立健全多元化的基础教育办学模式，多渠道筹集教育资金，加强发达地区和欠发达地区、城市和农村教育资源的交流，不断改善农村地区基础教育的教

学条件，提高农村高中毕业生的比例(刘艳，2007)，在九年义务教育的基础上逐步普及十二年教育，抓好县级职业中学，注重对学生的技能培训，解决好劳动力后备大军的职业素质问题，从根本上保障农村人口基本素质的提高。

其次，重视农业劳动力的职业技能培训，提高培训成效。从目前的实践来看，地方政府也比较重视这一方面。但是从培训效果来看，成效的显著性有待进一步提高。要避免流于形式化，关键在于解决好所培训的职业技能如何和劳动力需求方匹配的问题。由于劳动力市场尤其是农村劳动力市场仍不够成熟，需要政府的适当介入，在企业劳动需求与居民劳动供给之间构建通畅的信息交往网络。企业可以与地方政府协商，提供企业所需的工人以及应该具备的素质、技能，这样，地方政府可以有针对性对未就业人员进行技能培训，避免出现流于形式的劳动力培训，形成企业与政府、政府与农民、农民与企业的三角关系，在这个过程中充分发挥不同主体之间的比较优势，降低交易费用，提高交易效率。同时也可以考虑非盈利性公共组织，特别是高校利用其教育资源优势参与到培训中来，比如北京大学对该校的农民工开展夜校培训。具体而言，首先，地方政府要实现就业管理现代化，对就业、再就业以及失业劳动力信息采用计算机管理，并利用网络将各地劳动力就业的供需信息联网，加强地区间合作，实现地区间劳动力供需信息共享，从而迅速掌握劳动力的供求信息，包括对职业技能、职位等方面的要求，可以及时联系供求双方，实现有的放矢的职业技能培训。其次，构建能够随市场变化、反应灵敏，富有弹性和创新的就业培训体系。以市场为导向，采取政府部门和社会力量办学相结合的方式，鼓励行政部门、农村社区经济合作组织、民间行业协会、企事业单位参与到劳动力培训市场，促进培训机构与劳动力需求方之间的紧密合作。

第三，劳动培训机构根据劳动力市场用工信息，及时调整、开设培训专业，将职业培训和技能鉴定相结合，对于培训合格的学员颁发全国通用的技能鉴定证书，以增强培训者就业竞争实力。最后，在经济衰退期，面临大量农民工失业，农民工参与培训的机会成本下降，地方政府应该在这一时期出资组织农民工参与职业技能培训，在经济衰退期为其充电，提高其在劳动力市场上的竞争力，从而在经济复苏后获得更好的就业机会和更高的工资性收入，同时也避免在衰退期出现过多的农地流转纠纷。

(3) 健全农村社会化服务体系

实际上，农村社会化服务体系的构建和完善属于投资环境建设的组成部分，但是，鉴于这一问题对农业产业化发展的重要性，故在此单列出来。农业产业化是对农业产前、产中、产后的垂直协调，包含技术体系、质量监管体系、市场体系在内的农村社会服务体系的健全，对于加强农业产业化各个环节的生产能力和降低这些环节的协调成本，有积极的作用。而且，考虑到地区差异明显，地方政府，尤其是基层政府农村社会化服务体系的建设和完善上具有相对的信息和能力优势，因此，将之作为地方政府重要的职责。

除了部分发达地区，我国农村地区长期缺乏资金、技术、农田建设、动植物疫病防控、农产品价格及销售等配套服务。一般中小农户、甚至龙头企业，自然不愿意出资构建这一具有明显公共品性质的服务；而农村实施家庭联产承包责任制后，大部分村级集体经济实力很弱，无力提供上述配套。上述服务体系的残缺，提高了农业生产的成本和产业链间的协调成本，降低了产业化经营的收益，导致普通农户、农业大户、龙头企业对土地使用权需求的增长乏力。所以，为了促进农业产业化发展和农地健康有序流转，地方政府需要在“覆盖全程、综合配套、便捷高效”社会化服务体系的建设中，发挥积极的作用。

农村社会化服务体系包括公共服务体系和生产经营服务体系两大方面，涉及多个主体。首先，确定需要建设的主体及其地位。根据十七届三中全会的《决议》，笔者认为，应该以地方政府以及与政府密切相关的组织为主体，如科研单位、质检单位等为依托，提供公共服务。以农村社区的合作组织为基础，包括各种专业合作社、专业技术协会、普通农户、专业户创建的服务组织，负责具体的生产经营服务，这些基于农户自愿联结的合作组织容易受到农民的认同和接受，而且其本身的宗旨是提供专业性和系统化服务、维护农户权益。对于有条件的地区，可以发挥龙头企业的骨干作用，龙头企业在构建生产服务体系上具有较强的物质基础和管理能力，也有一定的经济利益激励。同时，上述主体之间要通过正式或者非正式机制建立起长期联系，定期交流、协调，开展全方位的合作。

其次，地方政府及其相关组织应该根据生产经营服务体系的要求来完善公共服务体系建设，加强农业公共服务能力的建设、管理体制的创新和人员素质的提高。对于农业产业化的发展而言，要注重在农业技术研发和推广、动植物疾病防控以及农产品质量监管方面的服务机构构建和加大相应的投入。比如，农业技术推广体系和动植物疾病防控机构的建立，有助于提高农户的生产能力和抵抗自然风险能力，提高农产品的市场竞争力，在构建过程中要注意和龙头企业与合作组织的交流与合作，使服务成效更显著。

农产品质量监管机构的设置对农业产业化发展的意义也很大，如在商品契约形式中，下游企业和农户之间通常因为农产品的质量问题发生纠纷，农产品质量监管机构作为第三方提供质量检测报告，降低这些契约安排的交易成本；另外，随着具有竞争优势的农产品专业生产带的形成，特定产品质量往往和地区声誉密切相关，因此，该机构可以通过加强对质量的监管，维护特定农产品的地区声誉。

最后，地方政府通过财政补贴等方式，支持农民合作组织、龙头企业、农民经纪人等主体提供多种形式的生产经营服务体系。要积极健全农产品市场体系，加强农产品批发市场网络建设，利用网络等信息手段更新农业信息收集和发布方式，提高信息发布量和发布、流通速度；加快建设农产品及其加工品的物流体系建设，形成低流通成本、高运行效率的农产品营销网络，发展农产品现代流通方式，尽量减免农产品运销环节收费，比如长期实行绿色通道建设。要健全农用生产资料的供应，尤其要重视农业合作组织在农业生产资料购买中组织优势的发挥，包括在降低价格、提高物资质量等方面的优势。上述体系的完善，对于降低农业产业化垂直协调的交易成本、实现更加紧密的契约安排、带动中小农户参与农业产业化具有积极的促进作用。

(4) 基于农地流转模式的细节性措施

本书的主题包括农业产业化和农地流转两个方面，我们关于案例的研究发现，具体的农业产业化契约安排是对行业特征、区域特征和国家制度的最优反应，是相关主体相互博弈的最终结果。因此，不同类型的契约安排本身并不存在所谓的优劣。当然，不同契约安排的利益联结紧密度以及对中小农户的带动作用上是不同的，试图提高利益联结紧密度以及带动作用的努力不在于直接强行改变契约结构，而是从影响这些契约结构的因素着手，比如从选择的行业、完善农村服务体系、促进非农就业等方面入手，这些笔者在上文都已提及，在此没有必要再加以重复。在农地流转模式方面，适宜的区域特征等的论述笔者在理论分析框架和结论中进行了详细表述。最后，我们将讨论基于三类农地流转模式的细节性措施来结束。

在个体农户主导型农地流转模式方面，地方政府要重视对农地流转形式规范性的指导，包括设计和印制标准的农地流转合同，内容涉及具体的农地流转双方、地块、面积、期限和流转价格等以及可能出现的问题；制定农地纠纷处理程序，科学、及时处理农民间的农地流转纠纷。不过，这一农地流转模式自身存在难以克服的缺陷，流转期限较短、不稳定，流转规模小，农地流转效益低等，在当前的农地产权结构下只能通过引进中介组织来解决。

村集体主导型的农地流转和当前国家对农地流转的原则性规定存在潜在的冲突，即地方政府或者村集体在农地流转过程中可能会损害农户权益、妨碍自愿原则的实现，这种可能性从根本上说，与地方政府、村集体和农户的利益不一致性有关。从实践来看，这一类模式运行成功的前提在于农地流转的主导者重视农户权益的保护，而且这往往和主导者自身素质有关。因此，如果这一农地流转模式不能从制度建设上完善其内在缺陷，则很难具有推广意义，两田制、返租倒包制的大量失败就是很好的证明。而这种内在缺陷可能也无法从流转制度本身解决，有赖于农村民主政治过程。所以，中央和地方政府应该进一步加强农村社会主义政治文明建设，提高农村的民主程度，加强农民对乡村精英和基层政府的监督作用，可以考虑在乡镇基层引入直选制度的改革，使得基层政府的领导与广大农民的利益尽可能一致。

最后，中介组织介入型农地流转模式可以从根本上解决个体农户主导型和村集体主导型农地流转的内在缺陷，是上述两类模式的发展方向。对于地方政府或者村集体作为中介组织的农地流转模式而言，要在制度上严格限定中介组织的介入程度和范围，强化农户的主导地位，防止异化为集体主导型农地流转。农民合作组织作为中介组织的农地流转方式，适用性广，除体现中介组织介入型的各种优势之外，能够充分保护农民土地承包经营权益。农村的关系型社会为这一模式在克服搭便车和成员稳定性上发挥了积极作用，但是也限制这一模式的扩张。地方政府应该进一步加强对农户法律知识的普及，逐步推动农村社会向“规则型”社会转变，便于合作组织参与逐渐深化的社会分工和扩大的交易范围。另外，这一模式的演进趋向于股份合作制，农户通过将农地入股到合作组织，强化合作组织对农户联结的紧密度，跟龙头企业的关系就是商品契约关系。这也是我国农地流转模式的主流路径。通常，股份合作制出现于农村建设用地的流转方面，可以获得较高且稳定的流转收益。对于本书关注的农业用地，其流转收益远低于建设用地且极不稳定，因此，这一农地流转模式在对农户支付体系设计上，要重视中小农户的风险规避问题，对于不参与合作生产、只是农地使用权入股的农户，要向其提供等同于大田作物收益的固定股息，在此基础上完善浮动分红部分的分配，并可以借鉴烟台南王山谷葡萄生产合作社的创新，由合作社和社员共同设立生产风险基金，用于农民灾年市场风险带来的损失补偿，降低系统性的跨期风险。

参 考 文 献

[1]艾伦·施瓦茨:“法律契约理论与不完全契约”,载《契约经济学》,经济科学出版社 1999 年版。

[2]Bonus Holger:“作为一个企业的合作联合会:一份交易经济学的研究”,载 Furuboton、Richister:《新制度经济学》,上海财经大学出版社 1999 年。

[3]车裕斌:《中国农地流转机制研究》,中国农业出版社 2004 年版。

[4]陈锡文:“共有与私用”,《读书》2007 年第 1 期。

[5]程志强:“乡村精英、产业选择、国家规则与土地返租——对胡桥模式的探讨”,工作论文,2008a。

[6]程志强:“规模连片经营一定要土地使用权的集中吗——基于漯河市粮源公司‘中间人’制度的案例分析”,工作论文,2008b。

[7]初玉岗:“企业家短缺与农地流转之不足”,《中国农村经济》2001 年第 12 期。

[8]单保江:“山东采取七项措施推进农业产业化经营”,《经济日报》2008 年 7 月 22 日。

[9]丁关良、李军:“农村土地承包经营权流转的运行机理和操作规程研究”,《华中农业大学学报(社会科学版)》2004 年第 2 期。

[10]段应碧:“土地使用权如何流转”,载迟福林主编:《把土地使用权真正交给农民》,中国经济出版社 2002 年版。

[11]费孝通:《乡土中国》,北京出版社 2005 年版。

[12]龚六堂:《公共财政理论》,北京大学出版社 2009 年版。

[13]龚六堂:《经济增长理论》,武汉大学出版社 2000 年版。

[14]龚六堂:《高级宏观经济学》,武汉大学出版社 2005 年版。

[15]郭红东:“我国农户参与订单农业行为的影响因素分析”,《中国农村经

济》2005 年第 3 期。
[16]郭建宇:“农业产业化研究的国际比较:一个文献综述”,《生产力研究》2007 年第 8 期。
[17]郭铁民、林善浪:“农地股份合作制问题探讨”,《当代经济研究》2001 年第 12 期。
[18]韩俊:“土地政策:从小规模的均田制走向适度的规模经营”,《调研世界》1998 年第 5 期。
[19]何静:“农地使用权流转与相关的法律问题探讨”,《经济问题》2001 年第 7 期。
[20]何卢杨:“农业产业化金融支持对策研究”,《工业技术经济》2008 年第 9 期。
[21]黄丽萍:《中国农地使用权流转研究》,厦门大学博士论文,2006 年。
[22]黄贤金、方鹏:“我国农村土地流转的形成机理、运行方式及制度规范研究”,《江苏社会科学》2002 年第 2 期。
[23]黄贤金、尼克·哈瑞柯、鲁德·卢本、曲福田:“中国农村土地市场运行机理分析”,《江海学刊》2001 年第 2 期。
[24]黄英良:“交易成本和农地使用权流转组织形式的选择”,《理论学刊》2005 年第 10 期。
[25]黄祖辉、王祖锁:“从不完全合约看农业产业化经营的组织方式”,《农业经济问题》2002 年第 3 期。
[26]姜俊臣等:“农业产业化经营中对农业保险的需求分析”,《农产品加工学刊》2008 第 2 期。
[27]金松青、Klaus Deininger:“中国农村土地租赁市场的发展及其在土地使用公仆性和效率性上的含义”,《经济学(季刊)》2004 年第 4 期。
[28]孔祥智等:“现阶段农民合作经济组织的基本状况、组织管理及政府作用”,《农业经济问题》2006 年第 1 期。
[29]李果、黄季焜和 Scott Rozelle、Loren Brandt:“中国的土地使用权和转移权:现状评价”,《经济学(季刊)》2004 年第 4 期。
[30]李录堂:《农户分类管理研究》,陕西人民出版社 2001 年版。
[31]李曼琳:《农民专业合作社对农户收入影响的研究》,浙江大学硕士学位论文,2008 年。
[32]厉以宁:《厉以宁经济评论集》,经济科学出版社 2005 年版。

[33]厉以宁:《区域发展新思路》,经济日报出版社 2000 年版。
[34]厉以宁:《厉以宁改革论集》,中国发展出版社 2008 年版。
[35]厉以宁:《股份制与现代市场经济》,江苏人民出版社 1994 年版。
[36]林万龙:"农业产业化龙头企业政府财税补贴政策效率",《中国农村经济》2004 年第 10 期。
[37]林毅夫:《发展战略与经济改革》,北京大学出版社 2004 年版。
[38]刘凤芹:"不完全合约与履约障碍",《经济研究》2003 年第 4 期。
[39]刘红梅、王克强:"论农村土地使用权流转过程中的利益分配——兼论'提高农业税取消其他一切农民负担'提法的非科学性",《社会科学研究》2001 年第 5 期。
[40]刘守英:"土地流转使用权的背景、原因及要注意的主要问题",载迟福主编:《把土地使用权真正交给农民》,中国经济出版社 2002 年版。
[41]刘晓光、施捷:"促进农业产业化发展的税收政策取向",《税务研究》2008 年第 8 期。
[42]刘艳:《农地使用权流转研究》,东北财经大学博士论文,2007 年。
[43]刘玉铭:《中国农垦地区的农业规模经营与农业产业化研究——以黑龙江垦区为例》,北京大学博士论文,2007 年。
[44]刘愿:"农民从土地股份制得到什么?",《管理世界》2008 年第 1 期。
[45]孟庆夏、郝维序:"山东烟台蓬莱'南王山谷'现象对创新粮食产业化经营模式的启示",中国食品产业网。
[46]聂亚珍:"我国农业产业化的主要模式分析",《湖北社会科学》2004 年第 1 期。
[47]牛若峰:《农业产业一体化经营的理论与实践》,农业科技出版社 1998 年版。
[48]农业部农业产业化发展报告编委会:《农业产业化发展报告(初审稿)》,内部资料 2007 年。
[49]普罗斯特曼等:"中国农业规模经营:政策适当吗?",《中国农村观察》1996 年第 6 期。
[50]钱忠好:"节约交易费用:农业产业化经营成功的关键——对江苏如意集团的个案研究",《中国农村经济》2000 年第 8 期。
[51]荣华:"农业产业化:农业经济新的经济增长点",《管理世界》1997 年第 4 期。
[52]沈雅琴:《长期土地承租合约下农业产业化及其绩效的经济学研究》,复

旦大学博士论文,2004 年。
[53]史清华:《农户经济活动及行为研究》,中国农业出版社 2001 年版。
[54]苏永通:“养老金转移难或将成历史”,《南方周末》2009 年 1 月 8 日。
[55]宋青梅:“我国农业产业化发展过程中存在的问题与对策”,《山东财政学院学报》2004 年第 1 期。
[56]谭淑豪、Nico Heerink、曲福田:“土地细碎化对中国东南部水稻小农户技术效率的影响”,《中国农业科学》2006 年第 12 期。
[57]谭淑豪、曲福田、尼克·哈瑞柯:“土地细碎化的成因及其影响因素分析”,《中国农村观察》2003 年第 6 期。
[58]田传浩、陈宏辉、贾生华:“农地市场对耕地零碎化的影响”,《经济学(季刊)》2005 年第 3 期。
[59]万广华、程恩江:“规模经济、土地细碎化与我国粮食生产”,《中国农村观察》1996 年第 3 期。
[60]王爱群、夏英:“发展农民专业合作组织必须解决的几个关键问题”,《经济纵横》2006 年第 2 期。
[61]王姮:《农业产业化融资体系研究》,哈尔滨工程大学博士论文,2004 年。
[62]王金虎、张绍贤、徐爱兵:“山东蓬莱,小小葡萄串连成产业链”,《经济日报》2007 年 4 月 12 日。
[63]温铁军:“‘三农问题’的世纪反思”,《经济研究参考》2000 年第 1 期。
[64]吴秀敏、林坚:“农业产业化经营中契约形式的选择:要素契约还是商品契约”,《浙江大学学报(人文社会科学版)》2004 年第 5 期。
[65]吴亚卓:《当代中国农村土地制度变革研究》,西北农林科技大学博士论文,2002 年。
[66]杨扬:“在社会主义新农村建设中稳步推进土地适度规模经营——宁夏石嘴山市平罗县农村‘土地信用合作社’考察与启示”,《中国农村经济》2007 年第 3 期。
[67]杨明洪:“农业产业化经营组织形式演进:一种基于内生交易费用的理论解释”,《中国农村经济》2002 年第 10 期。
[68]杨瑞龙、杨其静:《企业理论:现代观点》,中国人民大学出版社 2005 年版。
[69]姚洋:“中国农地制度:一个分析框架”,《中国社会科学》2000 年第 2 期。
[70]姚洋、Carter,M. R.:“工业化、土地市场和农业投资”,《经济学(季刊)》

2004年第4期。
[71]姚洋:《土地、制度和农业发展》,北京大学出版社2004年版。
[72]姚洋:"非农就业结构与土地租赁市场的发育",《中国农村观察》1999年第2期。
[73]尹成杰:"关于农业产业化经营的思考",《管理世界》2002年第4期。
[74]尹云松、高玉喜等:"公司与农户间商品性契约的类型及其稳定性考察",《中国农村经济》2003年第8期。
[75]于鸿君:《经济学视角下的思维创新》,北京大学出版社2007年版。
[76]虞锡君:"农业保险与农业产业化互动机制探析",《农业经济问题》2005年第8期。
[77]张兵、胡俊伟:"'龙头企业+农户'模式下违约的经济学分析",《现代经济探讨》2004年第9期。
[78]张静:《现代公共规则与乡村社会》,上海书店出版社2006年版。
[79]张绍贤、徐爱兵:"蓬莱葡萄农加入农村专业合作社",中国食品产业网。
[80]张照新:"中国农村土地流转市场发展及其方式",《中国农村经济》2002年第2期。
[81]张忠根、黄祖辉:"规模经营:提高农业比较效益的重要途径",《农业技术经济》1997年第5期。
[82]赵爱英:"论我国农业产业化经营及其发展",《甘肃农业》2003年第5期。
[83]赵德余、顾海英:"从规范经验主义到制度主义",《学术月刊》2005年第3期。
[84]郑风田、程郁:"从农业产业化到农业产业区——竞争型农业产业化发展的可行性分析",《管理世界》2005年第7期。
[85]郑文凯:"我国农业产业化现状及政策",《农村实用工程技术.农业产业化》2004年第4期。
[86]郑有贵:"又一次土地制度创新的探索——比较视角下的平罗县农村土地信用合作社",《农村经营管理》2008年第2期。
[87]祝宏辉:"新疆番茄产业中农户参与订单农业的影响因素分析",《中国农村经济》2007年第7期。
[88]朱善利:《微观经济学(第三版)》,北京大学出版社2007年版。
[89]周立群、曹利群:"商品契约优于要素契约",《经济研究》2002年第1期。

[90]周立群、曹利群:“农村经济组织形态的演变与创新”,《经济研究》2001年第1期。

[91]周先:“山东蓬莱农民入股合作社兴种‘股份’葡萄”,中国台湾网。

[92]中国小康建设研究会、烟台市委农工办联合调查组:“蓬莱葡萄合作社推动企业与农民实现双赢”,《经济日报》2008年12月16日。

[93]内部资料:《姚伏镇小店子土地信用合作社简介》,2008年6月。

[94]内部资料:《黄渠桥镇万家营子土地信用合作社简介》,2008年6月。

[95]内部资料:《平罗县农村土地信用合作社试点工作经验介绍》,2008年6月。

[96]内部资料:《江东花木及旅游农业产业带简介》,2008年10月。

[97]内部资料:《重庆市北碚区经济社会及城乡统筹发展情况》,2008年10月。

[98]内部资料:《北碚区农村承包土地流转情况》,2008年10月。

[99]内部资料:《北碚区静观镇素心村集体土地使用权流转试点方案》,2008年10月。

[100]内部资料:《北碚区农业产业化龙头企业情况》,2008年10月。

[101]Aoki, Masahiko, 2001, *Towards a Comparative Institutional Analysis*, Cambridge: MIT Press.

[102]Barry, Peter J., Sonka, Steven T., and Lajili, Kaouthar, 1992, “Vertical Coordination, Financial Structure, and the Changing Theory of the Firm”, *American Journal of Agricultural Economics* 74(5): 1219—1225.

[103]Benfica, Rui et al., 2002, “The Impact of Alternative Agro-Industrial Investments on Poverty Reduction in Rural Mozambique”, Research Paper Series in Ministry of Agriculture and Rural Development.

[104]Benjamin, D., and Brandt, L., 2000, “Property Rights, Labor Markets and Efficiency in a Transition Economy: The Case of Rural China”, Working Paper, University of Toronto.

[105]Binswanger H. P., and Deininger, G. F., 1993, “Power, Distortions Revolt and Reforming Agricultural Land Relations”, in Berman, J, and Srinivasan, T. N. (eds.), *Handbook of Development Economics*, Vol. III, Amsterdam Elsevier: 2661—2772.

[106]Birthal, P. S. , P. K. Joshi, and A. Gulati, 2005, "Vertical Coordination in High-Value Food Commodities: Implications for Smallholders", MTID Discussion Paper No. 85.

[107]Boehlje, Michael, and Schrader, Lee F. , 1998, "The Industrialization of Agriculture: Questions of Coordination", in Royer, Jeffrey S. , and Rogers, Richard T. (eds.), *The Industrialization of Agriculture: Vertical Coordination in the U. S. Food System*, Ashgate Publishing.

[108]Carter, M. R. , and Yao, Yang, 1999, "Specialization with Regret: Transfer Rights, Agricultural Productivity and Investment in an Industrialized Economy", World Bank Policy Research Working Paper No. 2202.

[109]Chavas, J. R. , 1993, "The Ricardian Rent and the Allocation of Land under Uncertainty", *European Review of Agicultural Economics* 20: 451—469.

[110]Chavas, Jean-Paul. , 2001, "Structural Change in Agricultural Production: Economics, Technology and Policy", in Gardner, B. , and Rausser, G. (eds.), *Handbook of Agricultural Economics*, Amsterdam: North Holland Publishing.

[111] Chen Kai, and Brown Colin, 2001, "Addressing Shortcoming in the Household Responsibility System: Empirical Analysis of the Two-Farmland System in Shandong Province", *China Economic Review* 12(4): 280—292.

[112] Dirven, M. , 1996, "Agroindustria'y Pequea Agricultura", Sintesis Comparative de Distintas Experiencies, LC/R. 1663(DEPAL: Santiogade Chile, 1996).

[113] Dorward, A. , 1999, "A Risk Programming Approach for Analysing Contractual Choice in the Presence of Transaction Costs", *European Journal of Agricultural Economics* 26 (4): 479—492.

[114]Douglas, C. Macmillan, 2000, "An Economic Case for Land Reform", *Land Use Policy* 17: 49—57.

[115]Deininger, K. , Davis, B. , Yao, Y. , and Olinto, P. , 1998, "Land Markets and Land Reform under Multiple Market Imperfections", *American Journal of Agricultural Economics* 80: 1160—1160.

[116] Deininger, Klaus, and Feder, Gershon, 2001, "Land Institutions and Land Market", in Gardner, B. , and Rausser, G. (eds.), *Handbook of Agricultural Economics*, Amsterdam: North Holland Publishing.

[117]Dries, L. , and J. F. M. Swinnen, 2004, "Foreign Direct Investment, Vertical Integration and Local Suppliers: Evidence from the Polish Dairy Sector", *World Development* 32:1525—1544.

[118]Eaton, Charlesand Shepherd, and Andrew, W. , 2001, "Contract Farming Partnerships for Growth", *FAO Agricultural Services Bulletin* 145.

[119]Eisenhardt, Kathleen M. , 1989, "Agency Theory: An Assessment and review", *Academy of Management Review* 14(1):57—74.

[120]Eisenhardt, Kathleen M. , 1989, "Control: Organizational and Economic Approaches", *Management Science* 14(1):57—74.

[121]Ellis, Frank, 1998, *Peasant Economics-Farm Households and Agrarian Development*, Cambridge University Press.

[122]Escobal, J. , Agreda, V. , and Reardon, T. , 2000, "Endogenous Institutional Innovation and Agroindustrialization on the Peruvian Coast", *Agricultural Economics* 23(3):267—277.

[123]Eswaran, M. , and Kotwal A. , 1986, "Access to Capital and Agrarian Production Organization", *Economic Journal* 96:482—498.

[124] Feder G. , and Feeney, D. , 1993, "The Theory of Land Tenure and Property Rights", *World Bank Economic Review* 5:35—153.

[125]Frank, S. D. , and Henderson, D. R. , 1992, "Transaction Costs as Determinants of Vertical Co-ordination in the US Food Industries", *American Journal of Agricultural Economics* 74 (4):941—950.

[126]Feder, Gershon et al. , 1992, "The Determinants of Farm Investment and Residential Construction in Post-Reform China", *Economic Development and Cultural Change* 41(1):1—26.

[127]Fenoaltea, S. , "Risk, Transaction Costs, and the Organization of Medieval Agriculture", *Explorations in Economic History* 176(13):129—175.

[128]Greif, A. , 1998, *Genoa and the Maghribi Traders: Historical and Comparative Institutional Analysis*, Cambridge University Press.

[129]Grossman, Sanford J. , and Hart, Oliver, 1986, "The Cost and Benefits

of Ownership: A Theory of Vertical and Lateral Integration", *Journal of Political Economy* 94(4): 691—719.

[130] Gow, H., D. H. Streeter, and J. F. M. Swinnen, 2000, "How Private Contract Enforcement Mechanisms can Succeed where Public Institutions Fail: The Case of Juhocukor a. s.", *Agricultural Economics* 23: 253—265.

[131] Gulati, A., N. Minot, C. Delgado, and S. Bora, 2005, "Growth in High-Value Agriculture in Asia and the Emergence of Vertical Linkswith Farmers", paper presented at the workshop Linking Smallscale Producers to Markets: Old and New Challenges, WorldBank: Washington, D. C..

[132] Glover, D., 1990, "Contract Farming and Outgrower Schemes in East and Southern Africa", *Journal of Agricultural Economics* 41(3): 303—315.

[133] Gorton, Mathew, 2001, "Agricultural Land Reformin Moldova", *Land Use Policy* 18: 269—279.

[134] Hart, Oliver D., and Moore, John, 1988, "Incomplete Contracts and Renegotiation", *Econometrica* 56(4): 755—785.

[135] Henson, S. J., 2004, "National Laws, Regulations, and Institutional Capabilities for Standards Development", paper prepared for World Bank Training Seminar on Standards and Trade.

[136] Jaffee, S., 1995, *Transaction Costs, Risks, and the Organization of Private Sector Food Commodity Systems, in Marketing Africa's High Value Foods*, Kendall/Hunt Publishing Co.

[137] Johnson, D. Gale, 1995, "Property Rights in Rural China", Working Paper.

[138] Joskow, Paul L., 1987, "Contract Duration and Relationship-Specific Investments: Evidence from Coal Markets", *American Economic Review* 77: 168—185.

[139] Kung, James Kai-Sing, 1995, "Equal Entitlement versus Tenure Security under a Regime of Collective Property Rights: Peasants' Preference for Institutions in Post-reform Chinese Agriculture", *Journal of Comparative Economics* 21: 82—111.

[140]Kung,James Kai-Sing,2000,"Common Property Rights and Land Redistribution in Rural China:Evidence from a Village Survey",*World Development* 28(4):701—719.

[141]Kung,James Kai-Sing,and Cai,Yong-shun,2000,"Property Rights and Fertilizing Practices in Rural Chin: Evidence from Northern Jiangsu", *Modern China* 26:276—308.

[142]Lowenberg, D. J. , and Boehlje, M. , 1986, "The Impact of Farmland Price Changes on Farm Size and Financial Structure",*American Journal of Agricultural Economics* 68:838—848.

[143] Lajili, Kaouthar et al. , 1997, "Farmers' Preferences for Crop Contracts",*Journal of Agricultural and Resource Economics* 22(2):264—280.

[144]Little,D. Peter and Watts,J. Michael,1994,*Living Under Contract: Contract Farming and Agrarian Transformation in the Sub-Saharan Africa*,The University of Wisconsin Press.

[145]Liu,Shouying,Carter,Michael,and Yao,Yang,1998,"Dimensions and Diversity of Property Rights in Rural China:Dilemmas on the Road to Further Reform",*World Development* 26(10):1789—1806.

[146]Levi,Margaret,2000,"When Good Defenses Make Good Neighbors:A Transaction Cost Approach to Trust, the Absence of Trust and Distrust",in Menard,C. (eds.),*Institutions,Contracts,and Organizations: Perspectives from New Institutional Economics*, Northampton, MA: Edward Elgar Publishing.

[147]Mathew Gorton,2001,"Agricultural Land Reformin Moldova",*Land Use Policy* 18:269—279.

[148]Mahoney,J. T. ,1992,"The Choice of Organizational Form:Vertical Financial Ownership Versus Other Methods of Vertical Integration",*Strategic Management Journal* 13:559—584.

[149]Maertens,M. ,L. Dries,F. A. Dedehouanou,and J. F. M. Swinnen,2007, "High-Value Global Supply Chains,EU Food Safety Policy and Smallholders in Developing Countries:A Case-study from the Green Bean Sector in Senegal",in J. F. M. Swinnen(ed.),*Global Supply Chains,Stand-*

ards and the Poor, CABI Publishing: 159—172.

[150] McCloskey, D. N., 1975, "The Persistence of English Common Fields", in Parker, W., and Jones, E. (eds.), *European Peasants and their Markets*, Princeton University Press.

[151] Reardon, T., and Brrett, C. B., 2000, "Agroindustrialization, Globalization, and International Development: An Overview of Issues, Patterns, and Determinants", *Agricultural Economics* 23(3): 195—205.

[152] Ruben R., and Tan, S., 1999, "Property Rights, Land Markets and Investment in Soil Conservation", paper prepared for the workshop Economic Policy Reforms and Sustainable Land Use in LDC: Rent Advances in Quantitative Analysis.

[153] Rehber, Erkan, 2000, "Vertical Coordination in the Agro-food Industry and Contract Farming: A Comparative Study of Turkey and the USA", Food Marketing Policy Center Research Report, No. 52, University of Connecticut.

[154] Rehber, E., 1998, "Vertical Integration in Agriculture and Contract Farming", Regional Research Project NE—165: Private Strategies, Public Policies, and Food System Performance, University of Massachusetts, Department of Resource Economics, Amherst, MA 01003.

[155] Ring, P., and van den Ven, A., 1992, "Structuring Cooperative Relationships Between Organizations", *Strategic Management Journal* 13: 483—498.

[156] Ring, P., and van den Ven, A., 1994, "Developmental Processes of Cooperative Interorganizational Relationships", *Academy of Management Journal* 19 (1): 90—118.

[157] Rehber, Erkan, 2000, "Vertical Coordination in the Agro-food Industry and Contract Farming: A Comparative Study of Turkey and the USA", Food Marketing Policy Center Research, University of Connecticut, Report No. 52.

[158] Sartwelle, James et al., 2000, "The Effect of Personal and Farm Characteristics upon Grain Marketing Practices", *Southern Agricultural Economics Association* 4: 95—111.

[159]Sartorius Kurt, and Kirsten Johann, 2007, "A Framework to Facilitate Institutional Arrangements for Smallholder Supply in Developing Countries: An Agribusiness Perspective", Working paper.

[160]Sartorius, K., Kirsten, J. F., and Masuku, M., 2003, "A New Institutional Analysis of Small-Scale Farmer Contracts and Relations in the Sugar Supply Chains of South Africa and Swaziland", in Proceedings of IAMA Symposium, 21 - 24 June, Cancun, Mexico.

[161]Sartorius, K., and Kirsten, J. F., 2004, "The Cost Efficiency of Small Farm Inclusion in Agribusiness Supply Chains", *The South African Journal of Accountancy Research* 18 (1): 1—13.

[162]Sartorius, K., and Kirsten, J. F., 2006, "The Boundaries of the Firm: Why do Sugar Producers Outsource Sugarcane Production?", *Management Accounting Research* 17.

[163]Swinnen Johan, F. M., and Maertens Miet, 2007, "Globalization, Privatization, and Vertical Coordination in Food Value Chains in Developing and Transition Countries", *Agricultural Economics* 37 (1): 89—102.

[164]Swinnen, J. F. M., and A. Vandeplas, 2006, "Contracting, Competition, and Rent Distribution in Supply Chains: Theory and Empirical Evidence", LICOS, mimeo.

[165]Swinnen, J. F. M., L. Dries, N. Noev, and E. Germenji, 2006, "Foreign Investment, Supermarkets, and the Restructuring of Supply Chains: Evidence from Eastern European Dairy Sectors," LICOS Discussion Paper 165.

[166]Schrader, L. F, 1986, "Responses to Forces Shaping Agricultural Marketing: Contracting", *American Journal of Agricultural Economics* 68: 1161—1166.

[167]Sauvée Loic, 1998, "Toward an Institutional Analysis of Vertical Coordination in Agribusiness", in Royer, Jeffrey S., and Rogers, Richard T. (eds.), *The Industrialization of Agriculture: Vertical Coordination in the U. S. Food System*, Ashgate Publishing.

[168]Sartwelle, James et al., 2000, "The Effect of Personal and Farm Characteristics upon Grain Marketing Practices", *Journal of Agricultural and*

Applied Economics 4:95—111.

[169]Sauvee Loic,1998."Toward an Institutional Analysis of Vertical Coordination in Agribusiness", in Jeffrey S. Royer, and Richard T. Rogers (eds.), *The Industrialization of Agriculture:Vertical Coordination in the U. S. Food system*, Ashgate.

[170]Tan Shuhao, Heerink Nico, and Qu Futian, 2006, "Land Fragmentation and Its Driving Forces in China", *Land Use Policy* 23:272—285.

[171]Tan Shuhao, Heerink Nico, Kruseman Gideon, and Qu Futian, 2008, "Do Fragmented Landholdings Have Higher Production Costs? Evidence from Rice Farmers in Northeastern Jiangxi Province, P. R. China", *China Economic Review* 19:347—358.

[172] Urban, T., 1991, "Agriculture Industrialization: It's Inevitable", *Choice*, Fourth Quarter, 4—6.

[173]Warning, Matthew, and Key, Nigel, 2002, "The Social Performance and Distributional Consequences of Contract Farming: An Equilibrium Analysis of the Arachide De Bouche Program in Senegal", *World Development* 30 (2):253—263.

[174] Williamson, O. E., 1975, *Markets and Hierarchies*, Free Press, New York.

[175]Williamson, O. E., 1981, "The Economics of Organization: The Transaction Cost Approach", *American Journal of Sociology* 87:548—577.

[176]Williamson, O. E., 1996, in Groenewegen, J. (ed.), *Efficiency, Power, Authority and Economic Organization*, Kluwer Academic Publishers, Boston.

[177] Williamson, O. E., 2000, "The New Institutional Economics: Taking Stock, Looking Ahead", *Journal of Economic Literature* 37:595—613.

[178]Warning, M., and N. Key, 2002, "The Social Performance and Distributional Impact of Contract Farming: An Equilibrium Analysis of the Arachide de Bouche Program in Senegal", *World Development* 30:255—263.

[179]Williamson, O. E, 1989, "Transaction Cost Economics", in R. Schmalensee, and R. Willig (ed.), *Handbook of Industrial Organization*, Am-

sterdam: North Holland Publishing.

[180]Williamson, O. E, 1985, *The Economic Institutions of Capitalism*, The Free Press.

[181]Williamson, O. E, 1979, "Transactions Cost Economics and Organization Theory", *Journal of Institutional and Theoretical Economics* 22:3—61.

[182]Williamson, O. E, 1993, "Calculativeness, Trust, and Economic Organization", *Journal of Law and Economics* 22:3—61.

[183]Wan, G. H., and Chen, E. J., 2001, "Effects of Land Fragmentation and Returns to Scale in the Chinese Farming Sector", *Applied Economics* 33:184—194.

[184]Young, Linda M., and Hobbs, Jill E., 2002, "Vertical Linkages in Agri-Food Supply Chains: Changing Roles for Producers, Commodity Groups, and Government Policy", *Review of Agricultural Economics* 24(2): 428—441.

[185]Yao, Y., 2000, "The Development of the Land Lease Market in Rural China", *Land Economics* 76 (2):252—66.

[186]Yao, Y., 1996, *Three Essays on the Implications of Imperfect Markets in Rural China*, Unpublished Ph. D dissertation, University of Wisconsin, Madison.

[187]Yao, 1999, "Rural Industry and Labor Market Integration in Eastern China", *Journal of Development Economics* 59:463—496.

致　　谢

在短暂的三年博士后研究中，首先感谢我的合作导师厉以宁教授、师母何玉春老师。博士后研究的选题得益于厉教授的点拨，论文的构思、结构安排、案例选择也及时全面地得到了厉教授的悉心指点。感谢师母在日常生活中无微不至的关怀。

感谢北京大学光华管理学院提供优越的研究环境，感谢朱善利教授、于鸿君教授、龚六堂教授等的指导，感谢北京大学博士后管理办公室范德尚主任等老师的帮助，使我的研究得以进一步的完善。

感谢中国博士后基金会庄子健、夏文峰秘书长及基金处、评估处等老师对我工作和研究的支持；感谢中国博士后基金的慷慨资助，为本书的完成提供了必要的物质基础。

感谢山东省烟台市、河南省漯河市、重庆市北碚区和宁夏回族自治区平罗县人民政府为本书调研提供的帮助。

最后，感谢我的家人，为我潜心于研究给予了良好的生活环境。

程志强